온 사람136 네 번째

배움틀

제발 잘 배우게 도와줘요

꿈꾸는 소년 씀

추천사

황병수 님의 '온 사람'은 그 분의 일대역작이라는 생각이 든다. 한 사람을 개인과 가정, 사회와 국가, 민족과 세계에 공헌하며 행복하게 살아갈 수 있는 '온 사람'이 되게 할 목적으로 성경과 과학을 넘나들며 연구한 결과를 종합한 것인데, 아기가 잉태되기 전 부터 잉태를 위한 부모의 준비, 잉태 후 지속적 관리, 출산 후 단계별로 성인이 되어서 까지 성장과 성숙을 위한 구체적인 실천을 제안했다.

7권의 방대한 자료는 '온 사람'의 필요성을 절실하게 느끼며 이 나라의 현재와 미래 국민을 '온 사람'으로 만드는 개혁적 변화가 있어야 함을 주장하고 있다. 이 책은 한 권의 연구서라기보다는 인간에 대한 저자의 철학적 체계라고 본다.

저자는 이미 많은 책을 저작 출간한 적이 있다. 그러나 과거의 어떤 저서보다도 이 '온 사람'이야 말로 전 생애 동안 연구한 모든 자료를 총망라한 종합적 최후의 역작으로 보고 싶다. 인간 생성 전부터 마지막까지 '온 사람'이 되기 위해 구체적으로 실천할 수 있는 방법을 하나씩 제시하고 있다. 단, 여기에 제시된 과학적 증거가 학자들의 실험은 끝났지만 광범하게 알려지지 않아, 비밀 같고 신비스러운 것도 있지만, 과학은 정상 인 경우 누구에게나 동일하므로 확신하고 적용하면 된다.

'온 사람'이 될 수 있는 가능성을 체계적, 단계적, 구체적으로 제시해 준 최초의 작품이라 놀라우며, 사람을 다루는 모든 분들, 결혼을 계획하는 젊은이들과 부모, 유치원과 초중고 학교 선생, 교수, 의사, 간호사, 인류학자, 생물학자, 사회학자, 사회복지사, 사회사업가, 종교 인, 윤리학자, 상담전문인, 심리학자, 결혼상담자 등 사람의 문제를 다루는 모든 이들에게 이 흥미로운 역작을 권하는 바이다.

김상복
ThD, DLitt, DD, 횃불 트리니티 신대원대학교 명예총장,
할렐루야교회 원로목사

추천사

저자 "꿈꾸는 소년"은 인적자원개발과 성과관리 전문가로, 추천자가 연구한 "양자의학"에 매료되어, 이를 삶에 적용하면 큰 득이 된다는 사실을 알고, 다른 과학을 섭렵하고 통섭하여 "온 사람 136"이라는 아름답고 거대한 보석을 만들었습니다. 저자는 학문을 매일 적용해야 참 지식이라 보고, 7권의 실천 매뉴얼을 썼는데, 추천자의 전문인 양자의학과 자연치유력을 대중들에게 전파하는 것이라, 추천자는 정말 행복합니다. 그 7권은 아래와 같이 눈이 부실 정도로 아름다운 보석입니다.

1. 아주 탁월한 후손을 임신하기 위해 부부가 6개월간 실천할 것
2. 온 가족이 행복하게 자연원리에 따라 과학적으로 태교하기
3. 만 12살까지 다 갖춘 바람직한 사람이 되게 돕는 人場 매뉴얼
4. 청소년까지 가르치기보다 잘 배우도록 돕는 교육 패러다임 바꾸기
5. 회복탄력성을 적용해 늘 새사람이 되게 하는 꿈 이루는 과학
6. 사람의 본래 사명을 다 하는 돕고 나누며 기여하기
7. 생명체와 사람의 본질을 실천하는 일생 자기가치 높이기

지금 우리나라는 개인과 국가의 높은 경쟁력이 절실한 때, 주옥같은 실천사항들을 발표하니, 국민들로서는 대단히 감사합니다. 저자는 과학자들이 실험으로 다 증명했지만, 비밀 같은 것들을, 소상하게 보통사람들의 삶과 연결시켰습니다. 또 "온 사람136"으로 일생 건강하고 인품이 탁월한 천재들이 자라서, 2050년 후에는 한국인이 학문적 노벨상을 휩쓸고, 온 나라가 자연원리대로 상생공존하며, 홍익인간을 실현해서, 세계를 리드하고 영향력이 막대하게 된다는 꿈을 그렸습니다.

이 꿈은 이미 증명된 과학적 사실이므로, 누구나 다 거대한 복을 만끽하면서 자신의 사명을 다 하는 독특한 삶을 살 것으로 확신하며, 일독(一讀)을 권하는 바입니다.

강 길 전

충남의대 명예교수, 의학박사,
'여성생식내분비학', '양자의학', '대체의학의 이론과 실제', '자연치유력을 키워라' 등 저술

CONTENTS

여는 글

지금 세상에는 "초 고 정밀 전 자동" 기계가 고장 난 상태로 무수히 방치되어 있다. 뿐만 아니라 사람들은 아무런 가책 없이 무지막지하고 잔인하게도 그 어마어마한 기계를 계속 고장 내고 있으며, 망가뜨린다는 것조차 모른다. 기계의 기본 성능이나 특성을 전혀 고려하지 않고, 사용권도 없으며, 테스트도 없이, 짓밟고 억누르며 강제로 작동 시키다가 제대로 안 된다고, 발로 차고 심지어 본성을 깡그리 잊어버리게 한다.

그래도 다행스러운 것은 극히 일부가 겨우 약간의 이상을 감지하고 고개를 갸웃하기 시작했다는 것이다. 그리고 새로운 시도도 한다.

사람은 "초 고 정밀 전 자동(율) 생명체"다. 앞에서 사람을 기계라고 해서 대단히 죄송하지만 그냥 이해가 쉬워서 그랬다. 우리는 사람을 키운답시고 막 가르친다. 가르친다는 뜻은 "내가 아는 것과 할 수 있는 것과 할 마음을 상대도 그대로 행하게 하는 것"이다. 잘 안 된다고 아예 사람의 특성을 깡그리 뭉개버린다. 인격이고 자율이고 없이 무자비하게 망가뜨린다. 그래서 거의 모든 사람이 고장 난 상태로 방치되고 있다.

그런데 더 딱한 것은 그렇게 고상한 "초고정밀전자율 인격체"를 무참히 망가뜨리는 것을 "그들에 대한 끔찍한 사랑이고 그들의 바람직한 미래를 위한 것"이란 착각이다. 여기까지 읽고도 이미 격분이 치미는 분도 있을 줄 안다. 사람은 다 자신의 한계 내에서 외부를 보고, 받아들이며, 자기에게 맞는 것만 인정하려 한다.

사람은 절대 남이 못 가르친다. 못 가르친다는 것은 못 바꾼다는 것과도 같다. 반드시 스스로 인정해서 받아들여야 새것을 알고 좋게 변하기도 하므로 잘 받아들이도록 충분히 도와주는 것이 가장 바람직하다. 사람은 원래 전 자동이기 때문에 그렇다. 자동이기 때문에 자신에게 필요한 것이나 자신이 대응해야 할 것을 다 알아서 척척 해낸다. 그게 불변 값이다!

차를 밀고 다니는 것은 그 차를 만든 원 목적이 아니다. 차는 타고 다니려고 만들었다. 사람을 가르치는 것도 이 정도로 무지한 행위다. 6기통 세단에 수소연료를 넣고 자동항법장치로 신나게 달리자. 이 매뉴얼은 거대한 모험 같지만, 이제 사람대접을 제대로 해서 무한한 원형을 회복하고 그 무한한 역량을 맘껏 발휘하고 살 것을 강력히 권한다.

제발 사랑하고 도와준다면서 무한한 능력의 기계를 고장 내지 말고, 그에게 가장 좋은 절실한 환경만 제공해주자. 이제 그 탁월한 세단을 타고 콧노래를 부르며 달리듯 "초고정밀전자동(율) 사람"을 잘 배우도록 도와줘서, 원래의 자동기능도 살리고, 사람의 인성도 제대로 살리면서, 돕는 나와 스스로 배우는 그가 다 만족하고 행복하며, 개인과 우리 사회의 아주 찬란한 미래를 펼치자.

책을 만드느라 "조금은 생소한 내용과 까다로운 이미지 작업"에 몰입해주신 출판관계자 모든 분들에게 깊이 감사드리고, 그 성심과 전문성으로 인한 복이 계속 더 커지기를 진심으로 기원합니다. 또 "책에 포함된 양자물리 양자의학 후성유전학과 관련된 내용은 거의 강길전 박사의 강의 내용을 인용한 것"입니다. 크게 감사드립니다!

2016. 5. 꿈꾸는 소년

이 매뉴얼을 실천하면
어떤 모습이 되나?

자연현상을 제외한 세상의 모든 것은 다 사람의 생각이 형상으로 만들어진 것이다. 높은 건물, 아름다운 조형물, 거대한 다리, 고속 열차, 우주선, 스마트 폰, 사물 인터넷, 자율주행 자동차, 3D 프린터, 홀로 아리랑, 유엔, 세계은행, 프로축구, 국회, 헌법 등 우리가 누리는 모든 것이다.

사람이 하는 모든 일은 다 먼저 생각을 하고, 그것을 남도 알 수 있도록 글로 쓰거나 그림이나 말로 나타낸 후, 함께 이룬 것이 지금 우리가 사는 세상의 여러 현상이다. 우리가 즐기는 먹거리 예술과 스포츠와 행정체제와 각종 법규와 시설 등 다 먼저 생각이 있었다.

이 매뉴얼은 그런 생각의 틀을 적용하여 이것을 읽고 실천하면 어떤 모습의 사람이 될 것인지 먼저 구체적으로 정해놓고 그렇게 될 사람들이 되도록 자라나는 사람들을 도와주자는 것이다. 그래서 가장 먼저 우리가 이루거나 달성하거나 도달되어야 할 사람들

서로 돕고 있는 작은 새처럼 교육은 돕는 것

의 모습을 가능한 한 구체적으로 표현했다. 읽는 사람은 누구나 다 본인이나 다음 세대가 그런 사람이 될 것을 머리에 아주 구체적으로 확실히 보이도록 그려놓고 가기 바란다.

이 매뉴얼을 적용하면, 학생은 스스로 학습에 몰입하고, 도전하며, 창조하는 지혜로운 사람이 된다. 교사나 교수는 배움을 돕거나 촉진하는 사람이 된다. 학생들이 더불어 배우고 더불어 일하며 더불어 살게 된다. 학생들이 후배들의 교과서를 만들 수 있다. 부모의 사교육비는 제로가 된다. 모두가 천재되는 살맛나는 세상이다. 보다 구체적인 모습은 옆 쪽과 같다.

왜 이런 모습이 필요한가? : 학교와 교실의 행복향상

2014년 말에 국회가 인성교육진흥법을 제정했다. 이 법이 제정된 것에 대해 크게 반성해야 된다. 한 때 우리가 동방예의지국이었는데 어쩌다 인성교육 강화법까지 제정하게 되었다. 학교가 학생을 대상으로 인성교육을 한다고 해서, 만족하게 되기 어렵다. 가정과 사회 전체가 인성이 함양될 토양이어야 된다. 아무리 잘 해도 제도나 현실에는 부족이 있을 수 있다. 교육과 학교는 사람다운 사람이, 사람답게 살면서, 사람의 사명을 다하며 행복을 누리도록, 도움을 주어야 된다. 그러면 여기의 주 수혜자나 대상은 학생이어야 되고, 부

고객요구에 맞춘 화분

배움을 도와주는 학습장 출신의 구체적 모습

1. 학교와 교실을 행복 도가니로 만든다!

2. 팀 학습, 공동 연구가 많아 시너지가 막대하다!

3. 극히 다양한 선하고 유익한 생각을 한다!

4. 공동이익을 위해 다 능동적이고 적극적이다!

5. 자기관이 분명하고 합리적인 사람이 된다!

6. 다 논술과 설득 전문가가 된다!

7. 모두가 세계에서 유일한 전문가다!

8. 학문적 노벨상 수상자도 나온다!

9. 선생님들을 존경한다!

10. 스스로 자신의 일을 다 알아서 척척 잘 한다!

11. 언제 어디서나 필요한 재미를 잘 만든다!

12. 앎보다 실천을 중시하고 실천을 기본으로 한다!

13. 계속 창조하는 희망적인 사람이다!

14. 남이 나와 다름을 인정하며 서로 존중한다!

15. 항상 더 나은 것을 찾아 도전한다!

16. 실용지능이 현저히 높아진다!

17. 졸업생 취(창)업(직)률 100%가 된다!

18. 항상 겸허하게 남을 돕고 주위에 기여하며 산다!

모와 사회가 되며, 그것을 이루는 사람들이 교직원이며 이를 도와
줄 사람이 정책당국이다.

　　이 매뉴얼은 세상의 모든 교육기능을 근본적으로 바꾸기 위한
것이다. 교육기능으로 모두가 행복하고, 항상 창조적으로 성장 발
전하는 타력을 형성하자는 것이다. 그 교육은 가르치는 것이 아니
라 잘 배우도록 도와주자는 것이다. 사람은 가르치면 고장 나거나
아예 망기지기도 한다. 오로지 스스로 잘 배우도록 도와주면 된다.
그것이 자연법칙이다!

사람을 못 가르친다!

- 사람은 왜 안 가르쳐도 되나?

- 사람에게는 왜 가르칠 수 없나?

- 이 거대한 시설을 왜 망가뜨리나?

사람은 왜 안 가르쳐도 되나?

들리는 말에 따르면 몸길이 30m도 훨씬 넘는 공룡들 다수가, 작지만 날 센 맹수들에게 먹혔다고 한다. 따스한 오후에 집채만한 공룡이 긴 꼬리를 생긴 대로 늘어뜨려 놓고 낮잠을 즐기고 있을 때, 작은 동물들이 다가와 공룡의 꼬리를 한 입 뚝 잘라 물고 200m도 넘게 달아나, 맛있게 먹고 있을 때, 그때서야 "아야!"하고 뒤를 돌아보지만, 이미 때는 늦었다.

왜냐하면 그들의 신경이 워낙 둔해서 꼬리가 잘려도 뇌가 아픔을 인식하는 데만 20초가 넘게 걸리고, 대응조치를 하려면 또 한 20초가 걸려서 날 센 동물을 당할 수가 없었다고 한다. 물론 다 그렇게 죽었을 이도 없고 테스트를 거친 것도 아니니까 확실치는 않지만 가능성은 있다. 외부의 변화에 신속히 대응하지 못하면 공룡은 물론 무엇이든 다 멸종한다.

2011년 과학적 예측에 따르면, 지금 지구에는 870~1,000만 종의 생물이 살고 있다. 그들 중 실제로 과학자들이 발견해서 이름을 붙인 수가 겨우 120만 종에 불과하다. 육지 생물체의 86%와 해양 생물체의 91%이상은 아직 사람이 발견도 확인도 못한 상태다.(송기원, 생명)

다윈은 종의 기원에서 인류가 지상을 지배하는 최후의 종이라고 했다. 우리가 상식적으로 다 알다시피 그 말은 바로 지금의 상태를 그대로 나타낸 말이다. 그런데 중요한 것은 인류가 왜 어째서 무엇으로 지상을 지배하는 최후의 종이 될 수 있느냐는 것이다.

이미 그 시점에도 수많은 생명체가 멸종되었다는 것을 알았다. 이 사실도 지금 우리에게는 역시 상식이다. 약 150년 전에도 벌써 많은 생명체가 멸종되었다면, 지금은 환경오염이나 각종 공해 등으로 인해 더 많은 생명체가 계속 멸종되고 있다는 것도 누구나 인정할 수 있다.

그런데 미안하지만 왜 사람은 멸종되지 않는지, 다윈은 그 답을 정확히 몰랐다. 그저 추측한 것이 사람은 환경적응력이 탁월하다는 것이었다. 다른 생물은 환경에 적응하지 못해 멸종하는데 사람은 어떤 환경에서도 살아갈 수 있으니까 지상을 지배하고 산다고 봤다.

식물도 열대식물 한대식물이 있고, 일반 동물은 물론 물고기도 열대어 한대 어(寒帶魚)로 구분되는데, 사람은 열대 인이나 한대 인 없이, 어디에서도 살 수 있다. 다윈의 주장도 그랬다. 사람은 머리가 좋아서도 아니고 힘이 세서도 아닌데, 사람이 멸종하지 않는 것은 어떤 자연조건에도 살 수 있는 탁월한 환경적응력 탓이라고

악어는 한대에서 못살지만 사람은 어디서나 산다

했다.

힘으로 보면 사람보다 훨씬 더 센 공룡들이 살아야 하지만 오히려 그들은 일찍 지상에서 사라졌다. 그렇다면 사람은 힘도 세지 않고 사납지도 않고 동작도 빠르지 않았는데 어떻게 버틸 수 있었을까? 즉 사람은 왜 환경적응력이 탁월했을까? 이 질문에 대한 답을 그때 다윈은 물론 아무도 할 수 없었다. 뭣이 사람을 환경적응력이 탁월하게 만들까?

그 정답을 이제야 후성유전학자들이 밝혔다. 즉 사람은 "DNA 발현 실시간 조절기능" 때문에 환경이 아무리 바뀌어도 충분히 적응될 수 있다는 것이다. 더우면 저절로 땀이 나서 체온을 내려 적응되게 하고, 추우면 얼른 떨리거나 닭살이 돋아 몸이 얼거나 상하기 전에 덥게 하는 행동을 할 수 있다. 옷을 벗을 줄도 알지만 몸을 따뜻하게 할 수도 있다.

왜 공룡은 멸종하고 사람은 살았을까?

그런데 묘한 것은 "땀 내자, 땀 흘려!"하지 않아도 땀이 저절로 나고, 때로는 오히려 땀이 안 났으면 좋겠는데도 민망하게 땀이 나서 귀찮을 때도 있다. 추울 때도 매일반이다. 그냥 아무렇지도 않았으면 좋겠는데 몸이 막 떨리고 오그라든다. 약간 추위를 느껴도 안 그런 척하면서 태연하게 있고 싶은데 사람은 그걸 숨길 수 없다. 이는 내가 의도하지 않아도 내 몸에 있는 DNA가 나를 환경에 적응하도록 스스로 알아서 내 몸을 아주 적당하게 바꿔주기 때문이다. 사람의 DNA는 환경에 적응할 수 있게 당대는 물론 즉시로 척척 바꿔준다. 사람이 의식하기 전에 몸에 있는 DNA가 몸이 환경에 맞도록 바꿔준다. 그런데 다른 동물이나 식물은 그렇지 않다.

다른 동식물은 다 그 몸이 환경에 맞게 변하려면 자손을 몇 대씩 거쳐야 조금씩 바뀌게 된다. 사람처럼 당대는 물론 즉시 몸이 바뀐다는 것은 상상도 할 수 없다. 그러니까 변하는 환경에 맞게 몸이

엄청난 돈으로 보호받는 동물

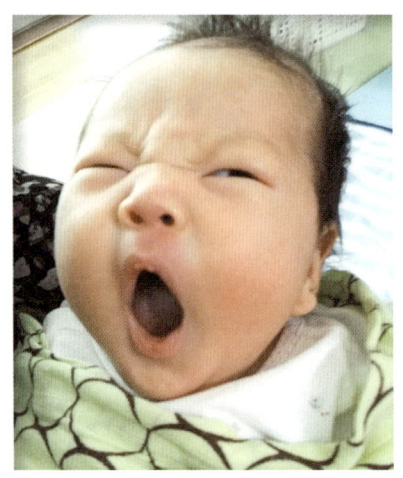

하품요령 안 가르쳐

변하기 전에 새로운 환경이 닥치니까 적응할 수 없어 조금씩 죽어가다 멸종된다.

이제 사람은 안 가르쳐도 된다는 사실과 오히려 그래야 더 사람다워진다는 사실을 인정하자. 후성유전자는 유전자의 스위치를 꺼버리거나 그 활성을 조절하는 식으로 성숙한 체세포에만 작용한다. 또 일부는 정자와 난자를 변화시켜서 미래 세대에 물려줄 수도 있다.

사람에게는 왜 가르칠 수 없나?

최소한 이 책을 읽게 되기까지는 어떤 과정을 거치고 어떻게 얼마나 스스로 노력해서 현재 내가 되었을까? 내가 아는 것은 유년기 이후겠지만 정말 오래 전부터 준비된 사람이다. 부모는 물론 그 위의 조상들은 다 두고 딱 본인부터 출발해서 지금까지의 과정을 아주 간략하게 그려보자.

일단 아버지에게서 나온 정세포와 어머니의 난세포가 만난 수정란 하나에서, 세포 분화와 분열을 통해 최소 200종 이상 60조개가 넘는 세포 덩어리가 지금 독자다. 처음부터 지금 모습으로 알밤처럼 뚝 떨어졌거나, 예쁘고 단단한 알에서 톡 튀어나온 것이 아니다. 길고 조심스러운 수십 년의 장거리 여행 끝에 지금 독자가 되었고 앞으로도 계속 더 좋게 창조되어 성장 발달할 것이다.

독자부터 출발해도 엄마가 외할머니 자궁에 착상 된지 3개월 쯤에 난원세포가 생기니까, 지금 어머니의 나이가 50세면 무려 50년 전에 독자를 만들 세포가 생기기 시작했다. 처음에는 난원세포 2~4백 만 개가 생기지만, 어머니랑 계속 자라서 완전한 난세포가 되었을 때는 불과 400개 정도가 살았으니, 100만분의 1이라는 엄청 높은 경쟁 율이다.

게다가 아버지의 정세포는 어머니의 난세포를 만나기 3개월 전에 생긴 신세대지만 난세포를 만나 수정될 확률은 무려 3억분의 1이다. 무서울 정도의 경쟁률을 통해 독자의 최초 수정란이 되었다. 그러니 난세포 경쟁률 100만대 1과 정세포 경쟁률 3억대 1이란 끔찍한 경쟁을 거쳐, 겨우 독자로 자랄 하나의 수정란이 되었다.

그리고 바로 수정 시점에, 우주에서 독자의 일생을 좌우하고 다시 영원히 후대로 물려줄 마음이 보내져서 지금 독자가 되었다. 정말 감격스럽다! 그리고 정세포와 난세포 및 수정란에는 또 우주에서 보낸 에너지(氣;기)가 둘러싸고 있어서 그 생기가 마음의 지시를 받아 왕성하게 분화하고 분열해서 태아가 되었다. 태아는 우주에서 가장 안전하고 살기 좋은 엄마의 자궁에서 탯줄을 통해 엄마의 영양과 산소를 받아 10개월간 자랐다. 자란다고 해서 그냥 세포수가 많아지고 신체기능만 생기는 게 아니라, 세상에 태어나서 지금과 같은 환경에 적응되기에 적합하도록 준비를 했다.

사실은 그 10개월 동안 아무도 모르게 자라고 준비되지만, 엄마와 아빠는 온갖 정성을 다 해 독자를 키우며 보호했다. 독자의 건강을 위해 좋은 음식을 골라 먹어 열량을 공급하고, 적당한 운동을 해서 에너지를 충족시키며, 아름답고 고상하며 양심적인 생각으로 독자의 인품을 다듬었다. 태중의 10개월은 생후 10년 간 최고의 족

호랑이의 줄무늬는 모두 다르게 우주가 정한다!

집게 선생님에게 배우는 것보다 더 많이 배운단다.(태교신기)

드디어 독자가 태어나려면 엄마는 거의 죽음을 각오하고 준비를 한다. 아기가 나올 길을 만드느라 엄마는 세상에서 최대의 아픔을 겪는다. 어떤 사람들은 그 과정에 실제로 죽음을 맞기도 한다. 그 아픔을 피하려고 제왕절개 수술을 받기도 하는데 그것이 바람직한 것은 아니다. 산고를 통해 엄마의 건강이 더 좋아지기도 하지만, 아기의 저항력도 더 세지며, 엄마와 아기 사이에 더 두텁고 애틋한 정이 생기라고 자연이 주는 선물이다. 그게 바로 세상에 공짜가 없고 보상이 없는 고통이 없다는 자연법칙이다.

자, 그럼 태어났으면 저절로 무럭무럭 자랄까? 3년간 영아기는 아무 것도 모르고 혼자서는 아무 것도 못하면서, 먹고 자고 싸고 노는 것뿐인 기간을 보냈다. 그 기간을 절대의존 상태라고 한다. 그 대신 그렇게 방글방글하면서 우주에서 보낸 원래의 모습을 그대로 보여줘서 얼마나 귀엽고 예쁜지 본인은 모르고 지나왔다.

오리는 태어나 맨 처음 보는 것을 어미로 알고 따른다

그리고 유아기가 되어 말도 하고 스스로 자기 몫을 제법 했다. 일부 어른들 표현으로는 그때 몽둥이로 때려 주고 싶도록 미운 짓을 한다고 한다. 사실은 미운 짓을 많이 할수록 창조성이 뛰어난 사람이 되는데, 어떤 사람들은 그것을 모른다. 어른들의 말을 듣지도 않고 제 맘대로 하는 미운 짓이란, 어른들 생각에서 그렇지 본인은 어른들과 다른 생각을 할 수 있는 창조자가 되어가고 있었다.

그리고 초등학교에서 유년기 3년을 보내고, 소년기 3년을 보내는 동안 돈만 있으면 혼자서 살 수 있을 만큼 자랐다. 그런데 어른들과 그 무서운 갈등이나 전쟁도 학교에 들어가면서 시작되었을 것이다. 독자는 우주에서 단 한 사람으로 태어나서, 다른 아이들과 분명히 다른데 어른들은 다른 아이들과 같게 되라고 난리를 치고, 가장 사랑한다면서 가장 밉게 대하니 이게 전쟁이다.

다르게 났으니, 다른 생각, 다른 행동, 다른 옷, 다른 음식, 다른 놀이, 다른 취미 등 모든 것이 다른데, 그것을 인정하지 않는다. 이런 현상은 청소년이 되면 더할 수도 있으니 참으로 진지하게 판단하고 대응해야 된다. 이처럼 독자는 부모부터 계산해도 수십 년 준비되어 유일한 사람으로 태어났으므로, 자신이 가장 좋아하고, 가장 잘 하며, 아무리 해도 지치지 않고, 그것만 하면 아이디어가 막 솟는 것, 그것의 미래 모습까지 훤히 그려지는 것, 그것으로 세상에 기

농불은 타고난 내로 산나

여하면 사명을 다 한다.

이제 지금까지의 과정을 돌아보자. 독자의 몸이 된 부모의 정자와 난자 형성에 본인이 기여한 바가 있는가? 정자와 난자가 만나야 독자의 생명이 생기는데 그 만남에 독자는 어떤 기여를 했는가? 특히 정자가 난자를 만나러 가는 길에 있는 죽음의 산성강과 늪지대와 폭포를 통과하는 동안 독자는 얼마나 도움을 주었는가? 수정란에서 완전한 몸으로 완성되는 동안 200종이 넘은 세포 분화와 60조가 넘도록 세포가 분열하는데 손가락 하나 까딱하거나 눈 한번 깜빡하는, 노력이라도 했는가? 예쁘고 재주 많은 손과 그렇게 곱고 예쁜 얼굴을 만드느라 독자가 애쓴 것이 있는가?

뿐만 아니라 정세포와 난세포가 되기 전 단계까지 포함해보면 더욱 더 스스로 계획하거나 노력하거나 기여한 것이 아무 것도 없다. 세포는 몇 개의 분자가 모여서 되었고, 그 분자 하나하나는 또 몇 개의 원자가 합해서 되었다. 대체로 인체는 수소원자가 9,200, 산소 3,900, 탄소 1,620, 질소 370, 칼슘 34.4, 인 20.3 등으로 구성되었는데, 여기에 본인이 하나라도 구해서 보탠 것이 있는가?

원자 전 단계에는 원자가 되기 위해 전자가 있고, 한 가운데 핵이 있는데, 그 핵 안에 양성자 중성자가 있

수 십 조의 세포

으며, 양성자 속에는 또 원자의 1억분의 1밖에 안 되는 쿼크가 몇 개씩 있다. 이 쿼크들을 모으는데 정작 내가 기여하거나 개입한 흔적이라도 있는가 말이다.

이 긴 과정에 독자가 기여하거나 의도가 개입된 것은 아무 것도 없다. 모든 것과 모든 작용과 모든 과정은 다 저절로 되었다. 즉 자율로 모이고 작동했으며 이루어졌다. 세상에서 가장 작은 물질의 기본 알갱이가 자동으로 모여서 전 과정이 다 자동으로 이루진 사람이므로 모든 사람은 다 "초 고정밀 전자동"이다. 여기에 사람이 개입하는 것은 자동을 수동으로 만들거나 전체 시스템을 망가뜨리는 행위가 되어 전체를 고장 내고 만다. 사람은 자신이 선택하지 않으면 가르칠 수도 변화시킬 수도 없다.

이 거대한 시설을 왜 망가뜨리나?

실물 6기통 세단이나 보잉 747 제트기를 밀거나 밧줄로 끌고 다닌다면, 그걸 어떻게 봐야 될까? 평지에야 조금은 끌 수도 밀 수도 있으니, 재미가 있을지 몰라도, 경사에는 어쩔 것인가? 기계 망가지는 것은 기본이고 사람이 많이 다친다. 너무 지나친 비유라 미안하지만 지금 우리가 하고 있는 교육은 거의 이런 식이다. 정말로 아까운 천재들을 다 망가뜨린다. 그 고상한 도덕군자들도 다 짓뭉개서 시궁창처럼 만들기도 한다. 지금이라도 우리는 사람의 가능성과 그 탁월함을 다시 진지하게 생각하고 대응해야 된다. 21세기 미래를 대비해, 사람이 본래의 성능을 충분히 발휘하도록 아주 지혜롭게 도와줘야 된다.

한 마디로 하면 "사람은 절대 가르치지 말고, 스스로 잘 배우도록 도와주자!"이다. 사람을 가르치면 우주에서 가장 탁월한 기계를 고장 내거나 아예 망가뜨리게 된다. 제발 이런 끔찍한 실수나 어리석은 행위를 그만 하고, 살면서 성장과정에서 그들이 필요한 것을 필요한 때에 스스로 잘 배우도록 오로지 도와주기만 하자. 그래야 그 탁월한 기계가 원래 만들어진 사양이나 성능보다 월등히 나아지도록 더 향상되고 개발되어, 우주에서 유일하고 창조적이며 무한한 가능성을 지닌 인재가 된다.

2014 노벨물리학상을 수상한 나카무라 슈지는 과감하게 말한다. 이 보다 더 나쁜 교육 시스템은 없다. 일본을 비롯해 중국, 한국의 교육은 시간 낭비일 뿐이다. 입학시험은 오직 이름난 대학에 들어가기 위한 목적밖에 없다. 나카무라 교수는 아시아 교육 시스템

은 아주 잘못돼 있다며 "후세대들은 다른 방식을 찾아야 할 것"이라고 주문했다.

나카무라 교수는 풀기 어려운 숙제 중의 하나였던 청색 LED를 개발해 2014년 노벨물리학상을 공동 수상했다. 강하고 선명한 푸른빛의 LED는 21세기까지 불가능하다는 지적이 있었는데 그 난제를 풀었다.

기자회견을 통해 일본의 척박한 교육체계 등을 아주 심도 있게 비판했다. 특히 일본을 비롯한 아시아 교육 시스템의 문제점에 대해 강경하게 잘못을 지적했다. 그는 "일본의 입학시험은 아주 최악이며 중국, 한국도 마찬가지"라고 했다. 이어 "모든 고등학생의 경우 그들의 공부 목적은 이름난 대학에 들어가는 것 하나밖에 없다"고 했다. 그는 "아시아에서의 교육 시스템은 시간낭비이므로, 젊은 후세대들은 다른 방식으로 공부하는 방법을 배워야 한다"고 직

현상에 통하는 사람 최고

격탄을 날렸다.(아시아 경제, 2015.01.20.)

교육(敎育)이란 말에서 가르칠 교(敎)자는 회초리로 아이를 배우게 한다는 뜻이고, 기를 육(育)자는 갓 태어난 아이를 기른다는 뜻이다. 영어의 education은 라틴어 educare 또는 educatio에서 유래했는데, 원 뜻은 양육하다는 의미로 능력을 끌어낸다는 뜻의 educere와 지도한다는 뜻의 ducere와 관련이 있다고 한다.(위키피디아)

이렇게 보면 교육이란 아무 것도 모르는 아이를 가르치고 키운다는 의미로 압축하면 된다. 여기서 유의할 것이 있다. 이 말이 처음 쓰인 것은 대체로 7,8세기 그리스에서다. 사람들이 살아가는 데 알아야 할 것이 많아지니까, 집에서 가족들을 통해 배우는 것으로는 모자라, 아이들을 모아 놓고 가르치기 시작한 것이 지금 같은 학교와 교육의 시작이었다.

그 때 교육을 페더고지(pedagogy)라고 했다. 이게 바로 교육의 원조인데 그 말은 어린이(paid)와 리더(agogos)를 합한 말이란다. 그 뜻은 "어린이들을 가르치는 기술과 이론"이었다. 여기서 어린이는 "뭔가를 모르고 할 수 없으며 할 마음이 없는 사람"이다. 또 가르치다는 말은 "자신이 알거나 할 수 있으며 할 마음을, 그것을 모르거나 할 수 없거나 할 마음이 없는 사람에게 전달하는 것"이었다. 그러면 "어린이와 가르치다"를 합한 말로 교육이 딱 맞다. 그리고 지금도 교육이라면 대체로 그렇게 이해하고 그렇게 진행한다. 원래 이 페더고지

현 유치원생이 60년대 고1 영어 써

는 아주 전통적인 학교교육을 말했다.

그런데 여기서 중요하게 착안해야 될 것이 있다. 7, 8세기의 취학 연령 아이와 지금 그 연령대 아이들이 대단히 다르다는 것이다. 문자 읽기 쓰기, 수와 계산, 사회적 질서와 시설이용, 일반상식, 각종 생활기기와 통신기기 사용 등에서 지금 아이들은 이미 그 때의 어른 수준을 능가한다.

다만 좀 부족한 것이 있다면, 정확히 측정된 것은 없지만, 예절이나 공동생활 등에서 적응할 기준이나 마음 등일 것이다. 그렇다면 산수나 국어 등을 지식으로 가르치기보다, 팀이나 공동학습을 하게하고 윤리도덕 등도 토의와 체험하기로 바꾸면, 그들이 참여하는 주인이 되기 때문에 자신들이 모범이 되기 위한 모델을 충분히 스스로 만들어낼 수 있다. 혹시 부족하면 그 때 선생님이 마무리 하면서 보완해주면 된다. 그러면 당연히 교우 관계도 좋고 선생님의 가치도 더 올라간다.

가능한 한 큰 그릇을 만들어야 큰 인물이 된다

최소 1년 동안은 교과서가 필요 없고, 생활에 적응되어야 할 상황만 제시해주면 된다. 아이들이 준수해야 할 질서 예절 문화 등을 체험으로 익히고 아이들이 스스로 이것이 더 바람직하다는 것을 판단하게 하면 그것은 영원히 자기 것이 된다. 그래야 자율기능이 더 활성화된다.

절실히 필요한 것은 사회생활에 필요한 적응기능이고 시설을 이용하는 방법이나 기기나 도구를 사용하는 기능이다. 그것은 체험해야 할 기능이고 경우에 따라 변하기도 하므로, 축적해야 할 지식이 아니다. 지금 유치원이나 저학년 아이들은 자신의 사고범위를 키우고 넓히며 미래에 필요한 것을 담을 그릇을 만드는 단계이므로 그릇을 키워야 된다.

삶은 행동을 만들어내는 것이다. 길을 걷는 것도, 인사를 하는 것도, 말하는 것도, 물건을 사는 것도 살아가는데 필요한 행동을 하는 것이다. 일을 하거나 사람을 대하거나 행동을 해야 살 수가 있다. 그런데 이 행동은 무엇이 만들어내는가? 손 발 입이 아니라 바로 사람의 뇌신경이다. 자신이 그 때까지 형성한 자신의 커넥톰(connectome; 뇌세포 연결 및 세포에 각인된 내용)이다. 우리가 애써 공부하는 것도 사는데 절실히 필요한 바른 행동을 선택하거나 결정하는데 필요한 것을 내 것으로 만드는 활동이다.

이 뇌의 용량이나 기능은 가히 짐작도 못한다. 인간 뇌에 1,000억 개의 뉴런이 있고, 뉴런과 뉴런 사이에 신경연결은 무려 200조로 추산한다.(윤태경 역, 뇌의 배신) 연결된 네트워크인 시냅스 수는 1,000조 정도다. 세상에 있는 모든 컴퓨터를 다 연결해둔 것보다 더 많고 복잡하다.

　그런데 더 당황스러운 것은 모든 사람의 뉴런 연결 모습(connectome)이 다 다르다는 것과, 살아가는 동안 계속 변한다는 것이다. 변한다는 것은 새롭게 생기기도 하고 제거되기도 하며, 연결이 달라지거나 배열상태도 달라진다. 게다가 이런 변화는 유전자의 영향까지 받는데, 뇌가 스스로 배선하는 유아기나 유년기에 더 크게 받는다. 인간이 생각하고, 결정하고, 행동하는 기본적인 행동은 모두 뇌 속 신경세포 사이의 전기·화학적 신호전달에 의해 이루어지므로, 우리를 우리 자신이게 만드는 것 즉, 인간의 유일함을 결정하는 것은 바로 커넥톰(뇌 신경 집합)이라 할 수 있다. 그래서 승현준은 "나는 바로 나의 커넥톰이다."고 한다.(신상규 역, 커넥톰, 뇌의 지도)

　그 복잡한 신경연결 모습이 모두 똑 같고, 한 번 생긴 후 다시

이보다 수 만 배가 복잡해도 7단계면 다 검색

변하지 않는 다면, 400조가 되더라도 한 모델만 완전히 연구하면 되니까 신경과학자들도 편하겠지만, 교육한다는 사람들은 훨씬 더 편할 것이다. 그러나 유전자와 경험 거기다 우리의 생각까지 커넥톰 형성에 영향을 미치므로 어느 한 순간도 정지나 완성이 없다. 그래도 기가 막히게 다행인 것은 뉴런에 포개지며 지나가는 접점 수는 몇 안 되어, 각 뉴런이 평균 대략 7개 경로만 통과하면 어떤 뉴런에도 도달 가능하게 되어있다. 이는 가능한 한 관련된 것을 속히 찾아내어 행동을 결정하려는 조치다.

이런 네트워크를 "작은 세계 망"이라고 하며, 이는 모든 사람이 6단계만 거치면 아는 사이가 된다는 6단계 분리이론과도 비슷하다. 하여간 이렇게 빨리 자료를 검색해서 행동을 결정하려고, 숫자는 천문학적이라도 거쳐 가는 구조는 아주 단순하게 되어있다.

그런데 이 바쁜 와중에 멍하게 노는 신경망이 있다. 그게 바로 DMN(태만 형 신경망; default mode network)이다. 남들이 수 억분의 1초를 다투는데 저는 놀고 있다니 의외다. 태만형 신경망은 남이 일을 다 끝내고 편히 쉬거나, 할 일 없이 멍하게 앉아 있거나, 산책을 할 때 등 여유를 즐기면 그 때 온통 난리를 피우며 작동한다. 틀림없이 태만 형 신경망도 다른 신경망과 같이 행동을 만들어낼 텐데, 어떤 행동이기에 남이 일을 끝내고 쉴 때 부산을 떨까? 창조하고 영감을 만들어 낸다. 기발한 것은 이때 생긴다.

영감으로 받은 작품

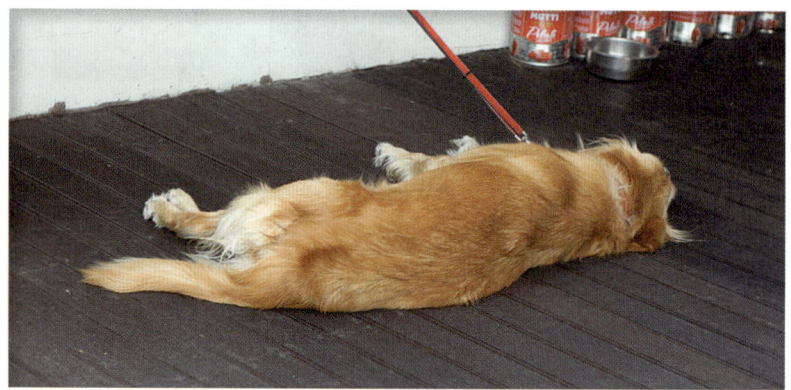

DMN도 경비견처럼 사람이 잘 때 일해

　　우주에서 가장 복잡하고 변화무상하게 항상 변하는 이 신경망을, 최초에 누가 자기의도대로 형성했으며, 그것이 형성되는데 조금이라도 노력이나 보탠 사람이 있는가?

　　그냥 자연에 맡겨져 지금의 내가 되었을 뿐이다. 그리고 나는 우주에서 유일하다. 아무런 나의 의도도 없이 저절로 나는 자라졌다. 삶에 필요한 선하고 유익한 의도가 들어있는, 작은 입자가 모이고 모여서, 양성자가 되고 원자핵이 되어 지금 내가 되는데 필요한 하나의 원자가 되었다.

　　그리고 다시 다른 원자들과 합해서 생명의 기본 물질인 단백질을 만들 아미노산이 되었고, 세포와 조직과 장기로 발달하여 내가 되었다. 계속 한 단계씩 발달할 때마다 더 유용하고 기능이 더 높게 되었다. 미립자에서 시작해서 완전한 내가 될 때까지 나의 의도나 노력이 조금도 개입된 것이 없다. 그런데도 완벽한 한 사람, 우주에서 유일한 창조인, 그 어떤 기계도 능가하는 탁월한 사람이

다. 그렇다면 이 거대한 나를 스스로 작동하고 더 좋게 성장 발달하도록 두고 보는 것이 가장 바람직하다. 여기서 세 아들을 되는 대로 자라게 해서 서울대에 보낸 박혜란의 말을 들어보자.

"아무리 봐도 그들은 부모들보다 훨씬 아름답고 튼튼한 존재들이다. 만약 부모들이 섣불리 끼어들지만 않는다면 그들은 얼마든지 싱싱하게 커 갈 수 있다. 아이들은 믿는 만큼 크는 이상한 존재들이다. 아이들을 키우려고 하지 말고 아이들이 커 가는 모습을 그저 바라보아라. 그래야 아이도 행복하고 부모도 행복하다."

절대 가르치지 마라
(배움을 돕는 방법)

- 살기 위해 무엇을 배워야 되나?
- 놀자, 먼저 놀자, 또 놀자, 낮잠도 자자!
- 교육이 뭐지?
- 무엇이 공부를 잘 하게 하나?
- 수학 머리와 운동 머리는 다른가?
- 공부하고 싶어 안달 나게 하려면?
- 배움을 촉진하는 감각은?
- 현장의 소리는 뭔가?
  살아 있는 증거들

살기 위해 무엇을 배워야 되나?

바른 행동에 필수 알 할 맘

　　모처럼 어른들을 따라 처음으로 고급 양식당에 간 현관이 쩔쩔매고 있다. 스푼과 포크와 나이프 합해서 10개, 키와 크기가 서로 다른 컵이 4개나 있으며, 큰 접시에 냅킨이 있고, 작은 접시에도 뭐가 있는데, 종류가 많고 위치가 각각 달라 어안이 벙벙했다. 보통 식탁에선 그냥 수저 한 벌씩인데 양식테이블은 뭐가 너무 복잡해서 무엇을 언제 어떤 순서로 어떻게 사용하는지 감이 잡히질 않았다.

　　하루 세끼나 먹는 식사 한 번 하는데 이렇게 쩔쩔매는 경우가 있나 싶어 현관이 이해가 되지 않았다. 중학교 2학년 학생 채면이 말이 아니게 구겨졌다. 다행히 식구들이랑 외할머니가 함께 있었으니 그래도 크게 당황하지 않고 넘어갈 수 있었다. 만약에 자신이 좋아하는 여학생 앞이라면 어쩔 뻔 했나 싶어 아찔한 생각도 들었다.

　　"알아야 면면장(免面墙)을 하지, 선무당이 장구 탓한다, 평양감사도 저 싫으면 그만이다." 이 세 말은 우리 선조들이 즐겨 쓰신 말이다. 첫 말은 무식(지식이 부족함)해서 말이 안 통한다는 의미다. 두 번째는 무능(기능이 부족함)해서 일을 제대로 못하면서 도구나 연장을 탓한다는 뜻이고, 셋째 말은 무심(마음이 부족함)해서 그렇게 좋은 벼슬도 거절한다는 의미다.

　　이처럼 어떤 일을 하거나 행동을 제대로 하려면, 반드시 그 일을 하거나 행동을 하는데 필요한 것을, 알아야 하고, 할 수 있어야 하며, 할 마음도 충분해야 된다. 이게 알아야 할 것을 알고, 할 수 있어야 되는 것을 할 수 있으며, 하고자 하는 마음도 있어야 된다는 의미다.

사람의 삶은 행동의 연속이다. 말하는 것 예절을 지키는 것, 사람들과 관계를 잘 갖는 것, 일상적인 사회생활을 하는 게 다 행동이다. 이 행동이란 항상 모든 경우에 같은 게 아니라 말로 "시간과 장소와 상대와 당시의 상황"에 따라 구분할 수 없을 정도로 천차만별 다르다.

알아야 할 것을 지식, 할 수 있어야 할 것을 기능, 하려는 마음을 태도라고 한다. 어떤 행동이든 바르게 되려면 반드시 적합한 지식과 기능과 태도가 합해야 된다. 학생들을 학교와 학원과 족집게 과외에 보내는 것은 바로 그들이 진학에서 더 바람직한 행동을 할 수 있게 하려고 돕는 것이다. 즉 시험을 잘 치는 행동을 하게 하려는 것이다. 그런데 여기서 심각하게 결단해야 될 것이 있다. 그들이 공부하는 것이 행동결정요소 중 무엇에 해당하는가를 바로 알아야, 낭비방지는 물론 큰 효과를 볼 수 있기 때문이다. 그냥 간단히 알 할 맘으로는 부족하다.

한국에 키스스쿨이 없어도 사람들은 키스를 살 한

행동은 4기둥 필요

다. 배가 고프면 시키지 않아도 먹을 것을 찾아 먹는다. 길을 걷다가 바람이 불어 먼지가 날리면 눈에 안 들어가게 저절로 눈을 감는다. 이것들은 다 본능이다. 아무도 안 가르쳐도 전 자동으로 척척 잘 한다.

그런데 자동차 운전은 도로 교통법도 배우고, 자동차 조작도 배운 후 충분히 주행연습을 해야 된다. 피아노를 치거나 스케이팅을 하는 것도 유사하다. 이런 행동은 반드시 먼저 배우고 연습한 후에 할 수 있다. 본능이 아니라 후천적으로 습득하거나 체득하는 행동이기 때문이다.

실제로 우리가 어디서든 무엇을 배운다는 것은 삶에 필요한 적절한 행동을 위한 것을 새로이 얻는 것이다. 본능은 누구나 쉽게 할 수 있지만 특별한 행동은 반드시 그 행동을 할 수 있는 요소들을 갖춰야 된다. 배운다는 것은 바로 그 행동요소를 갖추는 것이다. 몰랐던 것은 알게 되고, 할 수 없었던 것은 할 수 있게 되며, 할 마음이 없었던 것은 할 마음이 생기게 된다. 이렇게 알고 할 수 있으며 할 마음이 있어야 행동을 할 수 있다.

얼마 전 KAIST에 재학 중이던 세계적인 로봇 천재가 자살을 했다. 초등학교 5학년 때부터 로봇을 조립한 아까운 젊은이를 잃었다. 여러 설이 있지만, 가장 확실한 한 가지는 한국의 교육시스템과 교수들의 무지가 그의 자살에 일조 했을 수도 있다는 것이다. 그 근거는 다음과 같다.

그는 영어로 진행하는 미적분 강의를 이해 못해 무척 어려움을 겪었다고 했다. 그런데 어려움을 겪는다고 그것이 단 기간에 극복되는 것이 결코 아니다. 학교에서는 수학과 영어의 예비과정을 두고 미리 연습시켰다고 했다. 그러나 그 연습과정이 최소 2년이나 3년은 되어야 그가 어려움 없이 미적분 강의를 영어로 이해할 수 있었을 것이다. 그런데 불과 몇 개월간 예비과정을 거쳤으니 될 수가 없다. 결론부터 말하면 영어와 수학은 "지적기능(Intellectual skill)이며 지적기능은 반드시 많은 반복연습을 통해서 숙달되어야 실제 상황에 적용할 수 있다."

박태환의 수영 동영상을 보거나 그 요령을 아무리 반복 들어도 실제로 수영장에서 그만한 연습을 하지 않고는 박태환 선수처럼 수영을 할 수 없는 것과 같다. 아기들이 말을 배워 자유자재로 하는 것도 무려 3년이나 걸린다. 아기는 다른 소리를 들으면 금방 뇌 세포 간에 신경망이 개발되어 그 다음에 그 소리가 들리면 금방 알 수 있다.

그런데 이것이 만 6세가 넘으면 점차 둔해져서 새로운 소리를 들어도 신경망 형성이 활성적으로 되지 않는다고 한다. 즉 성장하

반드시 많이 연습해야 수영을 맘대로 해

면서 점차 배움의 문이 하나씩 닫힌다.(Accelerated Learning for the 21st Century) 어른이 된 뒤에는 거의 개발이 안 될 수도 있다. 그러니 그 학생에게 영어로 미적분 강의를 이해하게 하려면 영어와 수학 둘 다 기초부터 아주 조직적으로 순차적으로 연습시켜서 숙련도를 높여야 된다. 혹시 한국말로 미적분 강의를 했으면 부담이 절반으로 줄었을지도 모른다.

학교와 일상에서 실제로 배우는 것들

교육은 "사람이 덜 바람직한 데서 더 바람직한 데로 변화되고 그것을 삶에 적용하여 삶이 더 나아지도록 돕는 과정"이라고 했다. 그러니 변화되어야 할 것과 적용해야 할 것, 즉 삶을 위한 행동을 더 낫게 하는 요소를 확인해서 그것을 더 낫게 가질 수 있게 해야 된다.

사람이 살아가는데 일상적인 행동과 특별한 일을 하는 행동은 아래의 그림과 같이 몇 가지 요소가 합해야 나온다. 즉 어느 경우이든 공통요소는 지식과 기능과 태도와 환경의 압력이다. 그 행동을 하는데 알아야 할 것과 할 수 있어야 되는 것, 그리고 하고자 하는 마음과 주변 여건이 그것을 할 수 있게 갖추어져야 된다.

그러므로 교육에서 다루어야 할 내용은 사람의 지식과 기능과 태도뿐이다. 행동에 영향을 미치는 외부 압력인 환경은 교육의 한계는 아니다. 이것 또한 사람 잡는 경우가 많다. 즉 남의 눈 때문에 실천을 못하는 경우도 있고, 필요한 다른 시설이나 자원이 모자라 못할 수도 있다.

외부압력
문화 환경

심리조건
욕구 동기

사람의 행동
B=f(P · E)

신체조건
지능 경험

사람의 일반적 행동 모형

아래의 〈표1〉에서 사람의 능력이나 역량 또는 자질의 구분을 보자. 우선 "지식과 기능과 태도"로 나누어진다. 지식은 아는 것이고, 기능은 할 수 있는 것이며, 태도는 마음가짐이다.

• 지식은 사실을 기억해서 아는 것과, 상황이나 배경을 이해하는 것이다.
• 기능은 머리로 할 수 있는 것(지적 기능)과 신체로 할 수 있는 것(신체 기능), 또 사람과 사람사이에서만 할 수 있는 것(사회적 기능)이 있다.
• 태도는 마음가짐인데 남을 인정하는 태도와 무엇에 헌신하는 태도 그리고 기존의 것을 수용하는 태도로 나누어진다.

사람이 어떤 행동을 하려면 반드시 "알고 할 수 있으며 할 마음이 있어야"된다. 당연히 당시의 환경도 맞아야 된다. 배움을 돕는 사람은 학습자에게 특정 행동을 하는데 필요한 지식과 기능과 태도를 행동하기에 충분하도록 갖게 해줘야 된다. 다만 그렇게 충분히 갖게 했는데도 그 행동을 안 하거나 못하는 것은 그 당사자와 그가 처한 환경 때문일 수가 있다.

특정 행동=지식+기능+태도+환경압력

특정행동 결정 요인

표 1. **사람의 역량구분**(Roger Buckley and Jim Caple, Theory and Practice of Training)

능력구분	하위의 세분		의미
지식 (cognitive domain)	사실	기억	사실과 근원의 회상, 인정, 시인
	배경, 상황	이해	개념 상황 등을 알다
기능 (psychomotor domain)	몸으로	신체	신체의 행동과 움직임, 손과 눈 귀 등의 능숙한 솜씨
	머리로	지적	응용, 분석, 종합, 평가
	사람 사이	사회	일대일 및 다수 간에 발생하는 언어 및 비언어적 행동
태도 (affective domain)	수용하는	인정	기꺼이 응하다
	높이 사는	헌신	충성 헌신하다
	순응하는	순응	규정과 절차를 따르다

지식이란?

지식이란 인지영역(認知領域)이라고 하여 순전히 머리로 다루며, 머리로 아는 것이다. 받아들이는 것도 숙달되는 것도 활용하는 것도 머릿속에서 다 된다. 그러나 아는 것에도 차이가 있다. 그냥 무조건 외워서 아는 지식과 이해해서 아는 지식 두 가지로 구분된다.

① 기억해서 아는 것은 사실에 해당하는 것들이다.(5,16 군사 구데타, 삼각형의 넓이 계산 공식 등)

② 이해해서 아는 것은 개념이나 상황 또는 입장이나 배경에 해당하는 것이다.(민주주의, 5,16의 발생배경과 성공한 상황, 한계효용 체감의 법칙 등)

기능이란?

보는 태도 따라 싸움일 수도

기능(技能)이란 정신 및 신체 조절영역이라고 하며 "할 수 있는 것"이다. 일단 신체적인 면과 정신적인 면을 동시에 포함한다. 기능이라면 주로 어떤 동작을 연상하게 되고 또 동작이라면 신체적인 것만 생각하는 경향이 많다. 그러나 기능도 다시 세 가지로 더 나눈다.

기능은 지적 기능, 신체적 기능 및 사회적 기능으로 나눈다.

① 지적 기능(Intellectual skill)이란 그냥 머릿속에서 정신으로 할 수 있는 것들이다.(예 : 계산, 비판, 분석, 언어 등)

② 신체적 기능(Manual skill)이란 몸으로 할 수 있는 것, 모든 신체적 동작을 말한다.(예 : 수영, 타자, 도구 조작 등)

③ 사회적 기능(Social skill)이란 사람과 사람사이에서 발생하거나 이루어지는 상호작용이다.(손님접대, 협조확보, 설득, 영업활동 등)

태도란?

태도란 정의적(情誼的)영역으로 마음가짐을 말한다. 감정 정서 정의를 포함한다. 태도는 한 사람의 행동에 극히 중요한 바탕이 된다. 실제로 세상만사 마음먹기에 달렸다는 말처럼 우리의 삶이나 행동에서 마음가짐은 중요하다. 이 태도에는 남을 인정하는 태도와 어떤 것에 충성하고 헌신하는 태도와 기존의 법규나 제도, 문화 등을 인정하고 거기에 순응하는 수용적인 태도 등이 있다.

① 인정, 동의 : 타인을 인정하고 의견에 동의하는 등(우호적, 협조적, 지원적)
② 헌신, 충성 : 본연의 일에 전념하는 것(성취적, 진취적, 창조적, 책임감)
③ 순응 : 기존의 법규나 각종 규범, 문화요소 풍토나 관습 등을 그대로 인정하고 거기에 순응하거나 그대로 적응되는 것(적응적, 준법성, 현상 인정적 등)

　자동차 운전능력을 예로 들면 다음과 같이 구분할 수 있다. 자동차를 안전하고도 유연하게 상황에 맞게 운전을 잘 하려면 어떤 능력을 갖춰야 하는지 확인한 것이다. 실제로 자동차 운전을 해본 사람이면 거의 감이 잡힐 것이다. 감이 잡히는 것은 바로 지식으로

수많은 연습으로 나온 작품

이해되고 기억도 되며 그것이 지적 기능으로 표현할 수 있게 되는 것이다.

배움의 내용구분을 학교공부와 연결하면 대체로 다음과 같다. 일단 머리로 알면 되는 것은 다 지식이다. 말을 하거나 문제를 풀거나 행동해야 하는 것은 다 기능이다. 그리고 잘 하고 싶거나 조심하는 것은 태도다.

단어를 아는 것은 지식이지만 그 단어를 활용해서 말을 유창하게 하거나 글을 잘 쓰는 것은 기능이다. 수학공식을 외워서 아는 것은 지식이지만 그 공식을 증명하거나 그 공식으로 문제를 푸는 것은 기능이다. 수업시간을 지키고 선생님과 친구들에게 예의를 갖추는 것은 태도다.

사회나 역사 등에서 어떤 사실을 아는 것은 암기하는 지식이고 그 사실의 배경을 깊이 아는 것은 이해하는 지식이다. 그래서 시

표 2. 자동차를 안전하게 운전하는 능력

기억해야 할 것은?	교통법규, 차의 성능	사실	지식	운전능력
이해해야 할 것은?	당시의 교통상황	상황		
신체로 할 수 있어야 하는 것은?	핸들 조작, 제동	신체	기능	
머리로 할 수 있어야 하는 것은?	추월 시점 착안	지적		
운전사 사이에 하여야 하는 것은?	친절에 감사 표시	사회		
원활한 흐름을 위한 마음가짐은?	양보운전	인정	태도	
안전운전을 위한 마음가짐은?	전방주시	헌신		
교통법규를 지키는 마음가짐은?	법규 안전 준수	순응		

험 준비를 할 때도 암기하는 지식은 그냥 암기하면 그만이지만, 이해하는 지식은 관련 사실들의 연관성을 정리해야 된다. 그래야 논술도 선택지 구분도 된다.

생물의 경우도 원핵세포나 진핵세포 등의 차이를 아는 것은 단순한 지식이다. 그러나 세포들의 분화과정이나 노화 또는 사멸 과정 등은 이해해야 된다. 그런 것을 이해해야 그것을 사람의 사회생활에도 응용할 수 있다. 그러면 그 과목이 훨씬 더 재미있게 된다. 지식을 기억(암기)할 것과 이해할 것으로 나누면 시험 준비가 훨씬 더 쉽다.

영어 국어 수학은 일단 거의 기능이라고 보면 된다. 학생들이 이 기능 활용은 둘로 구분하는 것이 좋다. 그냥 단순하게 작문을 하고 말을 하는 것은 머리로 하면 되니까 이를 지적기능이나 정신적 기능이라고 한다. 그러나 원고를 써서 여러 사람에게 발표하거나 사람들을 설득하는 것은 사회적 기능이라고 한다. 사회적 기능은 반드시 사람과 사람사이에서 발생하는 상호작용이다. 사람이 살아가는데 가장 많이 쓰이는 것이 바로 사회적 기능이다. 사회적 기능이나 지적 기능은 다 지식이 있어야 된다.

수학은 공식을 암기하는 것 외에는 다 지적기능이다. 수학은 사고기능이기 때문에 일상생활을 포함해서 어떤 일을 하든 논리적으로 생각해야 할 때는 반드시 활용되어야 하는 지적기능이다. 원래 수학은 생각하는 연습이지 단순한 계산연습이 아니다.

공식을 적용해서 계산하는 것은 사람보다 컴퓨터가 훨씬 더 빠르고 정확하므로 수학은 반드시 몰입해서 사고기능을 키우도록

건물 설계와 건축비 계산은 기능

해야 된다. 학생들이 사회생활에 활용할 수 있는 수학을 배워 행복하기를 바란다. 행동결정요인인 알 할 맘을 구분한 것은 공부하는 방법이 다르기 때문이었다. 이것을 잘못 적용한 낭비와 실수는 계산이 불가능할 정도로 크다. 선생과 부모와 학생이 다 바로 알고 적용해야 된다.

태도가 왜 그렇게 중요한가?

모든 것은 마음에 있다고 했다. 양자물리와 양자생물학은 수정순간에 우주에서 들어온 마음이, 그 이후 그 사람의 일생을 총괄한다고 했다. 이런 사실을 최근에 신경과학이 더 구체적으로 증명했다.

뇌 과학자 김대식은 칼럼에서 다음과 같이 쓴 것이 있다.

〈세상에 대한 모든 정보는 눈, 코, 귀, 혀 같은 감각 센서들을 통해서만 들어올 수 있고, 뇌는 그런 정보들을 기반으로 세상에 대

더불어 사는 사회적 기능 최고

한 답을 찾아낸다. 하지만 아무도 정답을 제시해줄 수 없는 상황에서, 뇌가 신뢰할 수 있는 것은 예전부터 알고, 믿고, 경험했던 편견들뿐일 수도 있다. 현대인은 비싼 게 더 좋다는 믿음을 가지고 있기 때문에, 같은 맛으로 느껴지는 두 커피 중 4000원짜리가 더 맛있다고 한다. 우리가 현명한 결정을 하려면 이러한 뇌의 거짓말에 속지 않고 올바른 선택과 판단을 하도록 해야 한다.

　사실 확실한 기억이라는 것도, 그대로 기억이 아니라 뇌가 쓴 소설이다. 왜냐하면, 뇌가 세상을 이해하기 위해서는 외부에서 들어오는 사실과, 이미 내부적으로 갖고 있는 믿음을 적절히 조합해야 한다. 하지만 믿음과 사실이 일치하지 않으면, 뇌는 지금 순간 얻은 데이터보다 오래전부터 가진 고정관념을 더 신뢰하고, 사실을 왜곡하기 시작한다. 그래서 우리는 선택하지 않고 선택을 정당화한다...〉

　이래서 우리의 마음가짐, 사람으로서의 기본자세가 그렇게 중

마음 바른 권율

요하다. 어떤 과목에 대한 애착, 배움을 도와주는 사람들의 수고와 전문성에 대한 감사와 경외심, 적어도 내게 그런 배움의 기회가 주어진 것에 대한 감사를 합해서, 서로 더 좋아지는 기회가 되도록 기여하고 협력하는 마음을 가지면, 그 배움이 무엇이든 아주 바람직하게 이루어진다.

왜 이렇게 복잡하게 구분하는가?

사람이 행동하는데 필요한 역량을 왜 구분하는가? 몰라서 당하는 막대한 피해를 방지하자는 것이다. 선생님이나 부모나 남의 배움을 돕는 사람들은 다른 사람의 배움을 효과적으로 도와야 하니까 무엇을 얼마만큼이나 배우게 해야 할 것인지 정해야 된다. 학습시켜야 할 내용을 두고 지식 기능 태도로 구분하는 것도 필요하고, 이를 더 세분하는 것도 필요하다.

또 어떤 행동을 보고 그 행동에 필요한 자질을 객관화시켜내는 것도 정확하게 할수록 더 좋다. 그 어렵고 머리 아픈 작업을 하게 하는 이유는 ① 적정한 내용 결정 ② 최선의 방법 적용 ③ 최적의 연습장면이나 연습 상황설정을 위해서다. 사실은 아직도 이런 구분을 하지 않기 때문에 얼마나 무리가 많고 낭비를 하는지 모른다.

① **적정한 내용 결정이란 :** 배우는 사람들이 도달해야 할 학습목표

그리는 방법을 알아야 제대로 그린다

에 도달하기 위해서 무엇을 알아야 되고, 무엇을 할 수 있어야 되며, 어떤 태도를 가져야 되는지 그것을 알맞게 정해야 된단 말이다. 그 내용이 너무 많거나 부족한 것은 좋지 않다. 즉 라면 끓이는 방법을 알리려면, 거기에 관련된 것만 알고, 할 수 있으며, 할 마음이 있으면 된다.

물의 양과 끓이는 시간 길이를 알고, 혹시 양념을 추가 하려면 무엇을 넣는 것이 좋은지, 그리고 맛있고 안전하게 하려는 마음만 가지면 된다. 삼겹살 굽기나 스파게티 조리 요령을 보탤 필요는 없다.

중고 학생들의 내신을 올리려면, 그들이 그 기간에 교과서에서 다룬 내용을 기본으로 해서, 응용문제를 조금 더 높은 수준의 것을 다루면 된다. 굳이 대학생 수준의 문제를 풀면서 어렵게 할 필요는 없다.

② **최선의 방법 적용이란** : 능력이나 역량의 내용이 무엇인가에 따

라 습득 방법이 다르기 때문에 그 내용에 가장 적합한 방법을 결정하기 위해서 내용을 구분한다. 정말로 안타깝게도 세상에 있는 거의 모든 선생님들(남의 배움을 도와주는 사람들)이, 이 내용구분을 몰라서 소경이 소경을 인도하는 꼴이 되어 엄청난 부작용을 발생시키고 낭비도 한다.

지식은 극히 다양한 방법으로 습득이 가능하다. 독서나 강의 듣기 또는 토의나 방송청취, 견학이나 드라마 공연 등 아주 광범하다. 지식의 경우는 반드시 암기해야 될 것은 처음부터 바로 암기가 잘 되게 해야 된다.

또 이해해야 할 내용도 결국은 활용하기 위해 상당 수준 기억을 해야 되겠지만, 어떤 내용을 바로 이해하면 기억이 훨씬 더 쉽게 된다. 역사 공부를 할 때 어떤 사실을 암기만 하기보다, 의미를 찾고 배경을 이해하면 그 사실이 저절로 기억도 되면서 대단한 충격으로 남게 된다.

여기도 최선의 방법이 필요해

그러나 기능은 반드시 연습을 해야 된다. 사회나 생물시험은 당일치기가 가능했지만 영어나 수학은 도저히 당일치기가 안 된다. 사회와 생물은 기억하거나 이해하면 되는 지식이지만, 영어와 수학은 반드시 할 수 있어야 되는 기능이다. 두 과목이 다 지적 기능이다. 논술도 동일하다.

지적 기능도 반드시 연습을 통해서 습득된다. 신체적 기능이나 사회적 기능도 동일하다. 김연아 스케이팅을 보고 손흥민 축구를 보았다고 내가 잘 하는 것이 결코 아니다. 백견이불여일행(百見而不如一行)이다. 100번 보아도 한 번 해보는 것보다 못하다는 의미다. 반드시 그만큼 연습해야 된다. 강호동 사회 본다고 내가 훌륭한 사회자가 되는 것도 아니다. 안 보기보다는 낫지만 반드시 연습해야 체득 되는 사회적 기능과 지적기능이다.

외국어를 말하기 위해 수십 번 연습해야 되고, 수학문제를 단순히 계산하는 것은 물론 응용문제는 더욱 더 많이 풀어봐야 된다. 몸을 많이 쓰면 근육이 생기고, 그 기능을 오래 잘 활용하는 것과 같이, 지적 기능도 뇌신경에 근육이 생길정도로 연습해야 응용력이 무한히 생기게 된다.

다른 사람들과 토의하거나 설득하며, 상충되는 의견을 조절하

이 건물의 설계와 시공은 연습 결과

는 사회적 기능도 실제상황에서 연습해야 그것이 숙달되어, 다른 경우에도 잘 할 수 있다. 면접 준비를 하는 경우도 반드시 말로 자연스럽고 자신 있게 대답하는 연습을 많이 해야 된다. 면접에 응하는 것은 지적 기능과 사회적 기능으로 자신의 능력을 제대로 나타내어 상대를 감동시키는 것이다.

현명한 시험 준비

시험 볼 사람이 반드시 유의할 것

시험 준비 방법에서 반드시 유의해야할 것이, 인출연습을 많이 해야 된다. 시험은 무엇이든 다 기억이 완성된 상태라야 답을 쓸 수 있으므로, 반드시 기억한 것을 표현해내는 것을 잘 해야 된다. 그러기 위해서는 그냥 읽거나 보는 게 아니라 말로 하고 글로 쓰며 그림도 그려보는 연습을 해서 어떤 형태로든 다른 사람에게 정확하게 나타낼 수 있게 해야 된다. 즉 선생님의 말을 듣기보다는 혼자 설명하고 답 쓰는 연습을 하거나 선생님에게 설명하고 평가를 받는 식이 가장 좋다. 양궁선수는 활을 쏘고 축구선수는 패스를 하고 슈팅을 해야지 코치나 감독의 말 듣는 게 아니다.

잘못 적용하는 사례

모기 잡으려고 대포를 소거나 수류탄을 터트리면 얼마나 우스울까? 배움의 현장에는 이런 경우가 많다. 물고기를 잡을 때는 고기 종류에 따라 그물이나 낚시가 다르다. 의사가 수술을 할 때도 환자의 수술부위에 따라 칼이 다르다. 공부하는 방법도 그 내용이 무엇인가에 따라 반드시 달라야 된다. 지금 학생들은 무조건 학교 아니면 학원이며 그룹과외를 하는데 거의 선생님의 강의를 듣고 감상하는 수준이다.

지식은 책을 읽거나 강의를 듣든, 방송을 시청하든, 서로 얘기를 하든, 자료 조사를 하든, 아주 다양한 방법으로 충분히 얻을 수 있다. 물론 사람의 학습유형에 따라서도 다르지만 일단 지식은 자신에게 가장 잘 맞는 방법으로 하면 된다. 그러나 기능의 경우는 많이 다르다. 수영이나 스케이팅 등 신체기능은 반드시 실제 상황에서 수많은 연습을 해야 숙련도가 높아진다. 일류 선수가 아니라 즐기는 수준으로 해도 반드시 연습해야 된다.

이처럼 기능은 신체든 정신이든 사회기능이든 반드시 연습해야 된다. 국어나 영어의 작문이나 독해 또는 말하기 등은 반드시 연습해야 자기 것이 된다. 이 경우는 백문이나 백견(百見)이 불여일행

사냥감 처리에도 집중해야

(不如一行)이다. 기능은 무엇이든 반드시 신체와 뇌와 마음에 근육이 많이 생기도록 연습해야 된다.

그것도 그냥 시간만 보내는 것이 아니라 아주 집중해서 해야 자기 것이 된다. 자기 것이 된다는 것은 신체의 근육이나 뇌신경은 물론 마음에도 완전히 새겨진 것이다. 수학문제 풀기나 영어 말하기나 작문 등은 반드시 직접 해야지, 탁월한 선생님의 얘기를 만 번 들어도 직접 집중해서 연습하지 않는 한 자기 것이 되지 않는다. 이 사실을 모르고 학원과 과외에 맡기는 게 안타깝다. 그러므로 과외도 학원도 갈 필요 없이 혼자서 해결해야 된다. 학원이나 학교에서 선생님이 문제 푸는 것을 보면 아주 재미있게 감상이 되는데, 자기가 풀려면 잘 안 되는 경험이 있을 것이다.

그런데 그 단계를 넘지 못하면 영원히 그 기능은 습득하지 못한다. 아무리 귀신같은 족집게라도 지식은 넣어줄 수 있지만 기능은 스스로 해결해야 된다. 이는 마치 맛있는 음식을 남이 먹어주는 것과 같고 변을 남이 대신 봐주려는 것과도 같다. 아예 안 되는 것을 하고 있다. 그러니 제발 기능은 스스로 하도록 하자.

논술, 수학문제풀이, 영어 듣기나 독해 작문 등은 일정시간 자신이 연습해야 된다. 절대 남이 해줄 수 없다. 수능시험 등에 수석한 사람이 인터뷰 때 학원에 가지 않고 혼자서 충실히 공부했다는데 그게 바른 말이다. 시험에는 지식

김상옥의 마음이 있는 곳

을 바탕으로 한 지적기능이 많이 활용되므로 혼자서 직접 연습하는 것이 최선의 지름길이다. 학원과 과외 선생님에게 맡기는 것은 시간과 돈의 낭비는 물론, 영원히 못 할 수도 있으므로 진지하게 생각하고 대응해야 된다. 기능은 반드시 직접 연습해야 된다는 것이 공부 방법에서 큰 차이다.

기억과정을 바로 활용해야지!

배움에도 부익부 빈익빈의 법칙이 있다. 부자는 더 부자가 되고(富益富; the rich get richer) 가난한 사람은 더 가난해진다(貧益貧; the poor get poorer)는 말이다. 왜 부익부 빈익빈인가? 좀 알고 있는 사람은 더 알게 되지만, 아예 아는 것이 없는 사람은 선생님의 강의를 들으나 마나라는 것이다. 비극 같지만 그게 자연법칙이다.

그럼 이 법칙을 깨트릴 수는 없는가? 얼마든지 가능하다. 이

먹고 소화하며 배설해야!

원칙을 깨트리려면 처음에 지식 창고에 조금이라도 잔고를 쌓게 하는 노력을 좀 하면 된다. 일단 좀 쌓이고 난 뒤에는 역시 저절로 솔솔 빨려 들어가 차곡차곡 쌓이는 부익부의 원칙이 적용되기 때문이다. 이게 바로 예습 효과다. 그리고 마음이 받아들이자고 작정하고 승낙해야 된다.

무슨 자연법칙이 이렇게 불공평한가? 알고 보면 절대 불공평하겠지만 절대 공정(公正)하다! 자연은 절대 속이지도 않고 불공정하지도 않다. 만약에 공평(公平)하면 오히려 큰 혼란이 생긴다.

공부한 결과는 반드시 기억해야 된다. 기억하려면 기억세포에 저장되어야 된다. 제대로 공부한 것은 반드시 저장되고 다시 불러낼 수 있어야 된다. 이렇게 기억세포에 저장된 것을 회상(recall)할 수 있어야 기억했다고 한다. 기억과정을 보면 부익부 빈익빈이 공정하다는 것도 인정할 수 있다.

기억을 음식 먹는 것과 비교하면 크게 네 단계다. 밥을 먹을 때 ① 수저로 떠서 ② 입으로 씹어 삼킨 후 ③ 위가 소화시켜서 에너지를 흡수하고 ④ 나머지를 밖으로 내 보낸다. 기억과정은 ① 감각기억에서 ② 단기기억으로 넘기면 ③ 연습을 통해 장기기억으로 넘어가 자기 자리에 있다가 ④ 불러내면 언제든지 즉시 나와야 된다. 불러낼 때 즉시 나

오로지 연습 결과

와야 기억이 끝난다.

음식은 먹는 순간도 좋지만 변이 쉽게 금방 나오면 아주 시원하고 기분이 좋다. 기억도 불러낼 때 즉각 나와야 기분도 좋지만, 기억이 제대로 완성된 것이다. 아무리 불러내도 안 나오면 기억된 것이 아니다. 은행에 잔고가 많아도 비밀번호를 모르면 인출을 못하고 그러면 돈이 없는 것과 같이, 기억한 것도 제대로 나오지 않아 답안을 못 쓰면 쓸모가 없다.

그래서 완전한 기억은 ④가 잘 되어야 된다. 기억을 잘 하려면 ①②③도 중요하지만 ④가 잘 되도록 불러내는 연습을 많이 해야 된다. 음식을 먹을 때 잘 씹어야 잘 넘어가는 것처럼 기억도 ②에서 연습을 많이 해야 ③으로 잘 넘어가지만, 연습을 많이 할수록 ④도 저절로 된다.

공부한다는 것은 기억을 더 하는 것이고, 기억량을 늘리는 것은 요령도 필요하지만, 반드시 스스로 ②④연습을 많이 해야 된다. 부익부 빈익빈이란 ③의 양을 늘리는 것이고, 운동이나 음식 또는 약으로 기억을 촉진한다는 것도 ③의 양을 쉽게 늘리거나 ③의 활동을 원활하게 하려는 것이다.

③은 양도 중요하지만 장기기억에 들어간 것은 구분이나 정리가 잘 되어야 된다. 기억세포를 도서관이라면 기억해야 할 지식은 책이다. 즉 모든 도서에는 색인 번호가 있고 도서관에는 그 번호대로 책이 정리되어 있어, 정리하기도 쉽지만 찾기도 쉽다.

그래서 기억을 잘 하려면 ③에 있는 많은 데이터가 명확하게

마음에 좋아야!

구분되어 정리가 잘 되어 있어야 ④가 아주 빠르고 정확하게 된다. 어떤 데이터를 ③에 저장하려는데, 먼저 그것이 무엇이고 기존의 무엇과 관련된 것이라는 것을 알고, 기억세포에 이미 그와 관련이 있거나 유사한 데이터가 있어서 자리가 있어야 금방 저장된다. 그러나 뭔지도 모르면 색인번호를 줄 수 없고, 방도 안 만들어졌으므로, 들어갈 수가 없다.

그래서 부익부 빈익빈 현상이 생긴다. 컴퓨터로 작업한 자료를 저장할 때도 반드시 파일이 있어야 되는 것과 똑 같다. 똑 같은 강의를 듣고도 조금이라도 아는 사람은 솔솔 들어가니까 재미가 있어서 기가 막힌다고 하는데, 아예 아무 것도 모르는 사람은 그 내용이 들어갈 수가 없어서 별 것 아니라고 한다.

그러면 완전히 모르는 것을 처음 접하면 어떻게 하나? 그때부터 급히 색인번호를 주고 기억창고에 색인번호도 붙여서 들어갈 자리를 새로 만들면 된다. 이때 관심가지고 주의하며 집중해야 된다. 절대 공짜로 안 들어간다. 예습은 기억할 방을 만들고 색인번호를 붙이는 것과 같다. 그래서 데이터가 저절로 들어간다. 그리고 기억에서 가장 중요한 것이 스스로 ②④를 많이 하는 것이다. 다수의 학생들이 학교와 학원이나 과외선생님에게 엄청난 돈과 시간을 드리면서 대신 시킨다. 절대 잘못이다!

마지막으로 다 아는 비밀이 있다. 수학선생님이 좋으면 수학이 재미있고, 공부가 잘 되며, 더 하고 싶어서 성적도 저절로 올라간다. 국어나 영어도 같고 모든 과목이 다 그렇다. 왜 그럴까? 이래서 요즘 나온 말이 "심장지능, 심장기억, 뇌보다 마음이 먼저 받아들이고 마음이 기억해야 제대로 잘 된다"이다. 무엇보다 먼저 내 마음이 그것을 좋아하고 사랑하며 귀히 여기면 그것이 무엇이든 솔솔 기억창고에 들어가고 불러내면 번개처럼 나온단 말이다. 아무리 예쁘고 아무리 잘 생겼다고 해도 내 마음이 그를 받아들이지 않으면 꼴도 보기 싫게 된다. 배우는 것도 그와 같다. 아무리 어렵고 아무리 생소해도 "그래, 너 사랑해, 내게 와서 고마워!"하며 품어주면 다 이해되고 솔솔 기억된다.

③ 최적의 연습장면이나 상황설정에 필요하다.

기능을 체득하는 연습 때 신체적 기능과 사회적 기능은 반드시 실제 상황과 같은 연습장과 시설이 필요하다. 그 대표적인 예가 우리 양궁선수들이 시끄러운 야구장에서 유별난 소음 속에서 집중하는 연습을 한 것이다. 지도자들이 대단히 현명하여 분명히 뭔가를 알고 지

연습이 달인 만들어

도했다.

신체적 기능인 수영, 농구, 축구, 스케이팅 등은 다 연습을 하되 반드시 그 시설에서 해야 된다. 이것이 내용구분의 최고 효용이다. 축구장에서 농구 연습도 안 되지만, 수영장에서 스케이팅은 정말 안 된다. 모든 신체기능과 사회적 기능은 반드시 실제 상황에서 반복 연습을 해야 된다.

실제상황이 아니면 무균 실에서 도시환경 적응 연습하는 것과 같다. 축구 선수들이 실제 잔디구장에서 연습 게임을 하는 것도 같은 것이다. 은행원들은 시범점포에서 실제상황과 똑 같이 해두고 연습한다. 은행의 창구직원들은 약간의 지식과 지적 기능 및 상당 수준의 사회적 기능을 수행해야 하므로 충분히 연습을 한다. 항공기 조종사들은 시뮬레이터를 타고 연습한 후 조종간을 잡는다. 이 모든 것이 다 기능을 익히는 과정이다.

그런데 보통 사람들은 혼동한다. 뿐만 아니라 무리를 한다. 그냥 말로만 하면 다 되는 것으로 착각한다. 말로만 해서 안 되는 사람은 머리가 나쁘다고 한다. 절대 그렇지 않다. 말콤 글레드웰이 말하는 1만 시간 법칙도 주로 기능 활용에 대한 것이다.

부모나 교사는 반드시 능력의 내용을 구분하여 같은 과목이라도 지식을 가르칠 때와 기능을 익히게 할 때 및 태도를 형성하게 할 때는 반드시 다르게 하여 학생들이 적용할 수 있게 해줘야 된다. 내신을 올리든 수능성적을 올리든 시험성적을 올리려면 매일 시험만 보고 모르는 것을 또 보면 된다. 매주 모의고사를 보고 매월 문제출제를 3년만 하면 도사가 된다. 만약에 이것이 안 되면 공부는 그만두고 다른 것을 해야 된다.

태도 형성과 인성교육 진흥법

여기서 특별히 유의해야 될 것이 있다. 2015년 7월부터 인성교육 진흥법이 정식으로 시행되었다. 이 인성교육이 바람직하게 되려면 어떠해야 할까는 전 국민의 관심사여야 된다. 우선 인성은 기본이 태도이고 약간의 사회적 기능으로 발휘해야 되는 것이다.

원래 태도는 집단이 장기간 동일한 경험을 해야 그렇게 형성되거나 변화된다. 책을 읽거나 얘기를 들었다고 해도, 읽거나 듣는 사람에 따라 안 읽는 것보다야 나을 수도 있지만 아무런 효과가 없을 수도 있다. 따라서 인성을 향상시킨다고 법을 만들고, 교육의무를 부과한다는 것이 참된 인성에 의해 진심으로 수행하지 않는다면 아무런 효과도 없을 수 있다.

이 법은 인성교육을 자신의 내면을 바르고 건전하게 가꾸고, 타인·공동체·자연과 더불어 살아가는 데 필요한, 인간다운 성품과 역량을 기르는 것을 목적으로 하는 교육이라 했다.

인성교육이라면 어른들이 아이들의 정신적 정서적 건강과 안

도라지 밭에 도라지 나는 것은 당연

녕을 망가지게 한 잘못부터 고쳐야 된다. 지금 아이들의 인성이 파괴되었다고 아이들을 잡고 고치려는 것은, 모든 것을 아이들 잘못으로 보는 "탓하기 태도"라 인성은 오히려 더 망가지기 쉽다.

아이들이 처음부터 그렇게 태어난 것이 결코 아니다. 지금의 아이들은 성장과정에서 어른들을 보고 배웠다. 그들이 그렇게 되기로 계획하고 닮은 것도 아니다. 그냥 자라면서 저절로 습득된 것이다. 어른들이 담배를 피우니 아이들이 피우고, 어른들이 왕따도 편가르기도 속이고 험담하기도 본을 보였으니 아이들은 그냥 따라 했던 것뿐이다. 소나무 밑에서 소나무 나고 아카시아 밑에서 아카시아 나는 것은 막을 수 없다.

지금까지 바른 인성이 키워질 수 없었던 것은, 경쟁적 입시위주의 교육과 학습방법의 잘못 적용도 크게 한 몫 한다. 그 예가 체육시간이나 예능활동이 거의 없다는 것과, 모든 방법이 거의 강의식 주입식이다 보니 배움의 유형과 뇌 활동 유형이 덜 맞는 학생은 아무런 재미가 없다.

남다른 것이 인정받지 못하고 똑 같은 답만 찾아야 하니, 그 다양한 재능과 창조성과 끝없는 미적 감각도 소용없다. 다 다르게 태어났는데 다 똑 같게 되라고 하니, 학교에서 더 배우는 게 아니라 타고난 것조차 다 소멸되고, 학교는 괴롭고 살맛을 앗아가는 곳이다. 바람직한 인성이 길러질 수 있는 환경이 아니다. 인성은 경험과 느낌과 삶으로 체득되어야 하므로 사회, 가정, 학교의 모든 선배들이 모범을 보여야 된다.

인성함양의 터전은 가정과 학교와 사회시설 및 제도와 문화

사람도 철저히 다양한 환경의 산물

전체가 되어야 된다. 먼저 본을 보고 학생들이 적용해서 성공경험을 가져야 두 바퀴가 함께 구르듯 바람직하게 된다. 제정된 법처럼 학생들만 대상으로 하는 인성교육은 깨끗하게 목욕시킨 후 그들을 다시 구정물에 들어가 놀게 하는 격이다. 세상에는 모순이 있을 수 있지만 이것은 좀 심하다.

인성을 나쁘게 하는 가정, 학교, 제도, 시설, 문화 환경 등은 그대로 둔 채 학생만을 대상으로 하면, 타당성도 부족하지만 인성의 속성상 효과는 거두기 어렵다. 태도는 집단이 장기간 경험을 통해서 형성되어야 된다.

가장 큰 나쁜 영향은 사회 환경이 준다. 첫째는 가정환경이고, 그 다음은 또래 관계와 일반 사회 환경 및 인터넷이나 통신 문화 환경 등이다. 이런 환경을 하루아침에 바꾸기도 어렵지만 점점 서로 악화시키는 사이클로 진행되고 있다. 바른 인성은 바른 사회에서 바른 사회는 바른 어른들이 먼저다. 태어나는 아이가 아예 병든 아이로 나는 경우는 없다. 그것이 몸이든 정신이든 다 어른들로 인해 생긴다. 가장 직접적인 영향을 주는 어른은 부모와 교사이고 각종 사회 시스템이다. 부모와 교사는 관련된 제도와 사회의 시설과 문화를 탓할 수도 있다. 어떤 환경도 이길 수 있는 학생들의 논리적 이성적 행동이 부족한 것은 발달과정 때문이다. 원래 사람의 감성과 감정표현은 12세 정도면 거의 다 발달 되지만, 이성은 청년기는 물론 일생 계속된다.

게다가 요즘 아이들은 깨어있는 동안 각종 미디어와 문화적 산물이 심하게 강한 자극을 계속 받는다. 따라서 감정처리 담당 뇌가 늘 과민 상태다. 인터넷과 디지털 기기가 아이들을 충동질하여 조용히 성찰하는 시간이 없다. 이들은 디지털 기기를 사용하며 혼자 지내는 시간이 과거보다 크게 증가하면서 사회성, 감성 능력, 공감능력도 떨어지고 만다.

학생들의 인성을 해치는 또 하나의 큰 요인은 평가 제도와 성적순으로 줄 세우기다. 성적이 떨어지면 그 학생은 단지 성적 때문에 설 자리가 없어지고 심지어 자존감 상실은 물론, 학교를 다닐 의미와 동기도 없어진다.

같은 나무에도 빛을 더 봐 빨리 익어

학생들은 오로지 성적뿐 다른 것을 생각할 겨를

인성은 가정과 사회 환경 탓

이 없다. 특히 상대평가 내신제는 아예 최고를 지향하자는 것 외에는 사람의 모든 인성을 해치고 있다. 영수국의 성적이 일생을 좌우하는 전체는 절대 아닌데도, 반드시 친구보다는 나아야 되니까 함께 배우고 함께 성장하자는 생각이 생기기 어렵다. 이 제도는 교사와 학생의 관계도 해친다.

그럼 어쩌자는 건가?

먼저 어른의 인성을 바르게 갖추는 노력과 인성을 해치는 교육제도를 바꾸는 노력을 동시에 해야 된다. 어른들이 개인별, 가정별로, 또 단체별로 좋은 인성 갖추기 실천운동을 펼쳐야 된다. 전반적으로 학생들의 유해환경을 제거하는 혁명적 조치가 필요하다. 방송과 산업은 물론 문화영역에서도 선의가 재미 요소가 되게 해야 된다. 지금은 거의 악의가 제1의 재미요소가 되고 있다.

미국의 인성교육 전문가인 코헨 박사는 초등학교 5,6학년만 되면 학생들이 인성교육이 위선임을 안다고 했다. 하버드대학의 책(Behavioral Code, 2013)에는 "아이들의 문제 행동을 변화의 대상으로 삼는 어떤 시도도 성공한 적이 없다. 교사의 의식과 행동이 바뀌고 이를 통해 아이들과의 관계가 좋아지며, 의미 있는 소통이 이루어져야 아이들은 변한다"고 썼다.

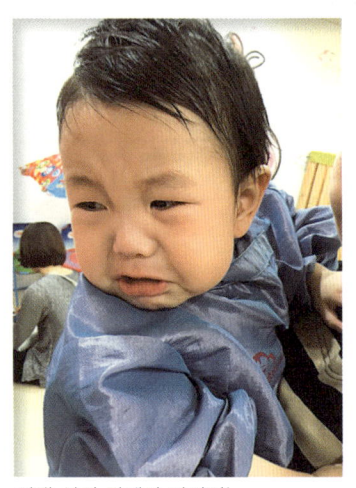
절대 신뢰 관계가 많아야!

다음은 학생인성의 교정이 아니라 자라는 시스템과 환경을 다듬어, 심리적 건강이나 정서적 안정은 물론 윤리와 도덕이 더 강화되도록 아이들의 다양한 성장환경 정비가 선행되어야 한다.

대표적인 환경은 어른들이 아이들의 가능성을 믿고, 그들을 인격적으로 대우하고 존중하는 시스템을 만들어, 어른이 먼저 행동으로 삶을 보여주고 그것이 전달되게 하는 것이다. 여러 가지 문화와 입시제도, 다양한 방법과 수준의 평가와 결과에 대한 대우, 협력적인 학습방법과 학교문화, 학교 내 사회적 관계(학생과 부모, 학생 간, 학생과 교사 간)를 인격으로 대하게 한다.

사람의 인성형성 가장 첫 단계는 3세까지 애착관계형성이다. 이때 자신이 애착관계에서 굳어지는 안정감과 신뢰는 일생에 걸쳐 영향을 미친다. 이 애착관계란 자신이 절대로 믿고 전적으로 자신을 맡길만한 관계를 형성하는 것이다. 반드시 고정적으로 한 사람이 그를 보살펴 주는 체제가 되어야 된다. 어릴 때부터 부모와 애착관계를 제대로 형성하지 못한 사람은 일생 불안정하고 신뢰의 대상을 못 갖는 사람이 된다.

미국과 북유럽이 최근 사회성이나 영성교육이 유행하고 있다. 신경과학의 연구결과가 사회성과 영성 교육의 중요성을 잘 뒷받침해주고 있다. 미국의 경우 학교와 조직에서 사회성 역량을 키웠더

건물기둥처럼 인생관 국가관 가정관 등 가치관 절실

니 학교 중퇴, 지각, 폭력 등이 준 것은 물론, 협력적 업무성과가 현저히 향상되었다.

또 학생들의 주위와의 관계도 봐야 한다. 부모와 또래와 교사 각각의 관계 중 하나라도 잘못되면 증상이 금방 보이므로 그것부터 바로 잡아야 된다. 학생의 마음이 준비가 되었을 때만 학습이 일어난다. 인성교육 준비 1순위는 교사와 부모에 대한 신뢰관계 형성이다. 인간의 뇌는 신뢰하지 않는 사람의 말을 안 듣는다. 인성교육이 아니라 인성을 보여주면 된다.

가치 있고 확고한 인생관과 국가관 가정관 등이 정립되고 거기에 따라 그것이 바로 이루어지도록 성장과 배움을 도와야 된다. 인성교육에서 긍정적 성과를 낸 사례는 지금과 같은 상황에서도 볼 수 있다. 학교단위로도 잘 하는 곳이 있으므로 모델화할 수도 있다. 이익지향이 아닌 여러 경우의 대안학교의 모델은 훌륭한 데가 있다.

놀자, 놀자, 또 놀자, 낮잠도 자자!

노세, 노세, 먼저 노세! 머리 맑아져 공부 잘돼! 이런 노래를 한 우리조상들은 철저히 창조적이다. 과학을 뛰어 넘어 천부적 영감으로 터득한 것 같다. 아무것도 하지 않을 때 무엇이든 얻게 되고, 창의력이 폭발한다. 만약에 뉴턴이 지금 우리처럼 살았다면 그는 떨어지는 사과를 볼 수도 없었고 보아도 먹기에 바빴을 것이다. 그는 명상에 빠졌기 때문에 남이 못 보는 사과를 보았다. 천재 시인 릴케의 창의력은 해변의 산책에서 얻은 영감이었고 그가 시에 쏟은 시간은 10년이나 되었다. 순전히 한가한 시간을 보낸 탓이었다. 그럼에도 불구하고 더 이상 뛰어놀지 않는 아이들과 바쁜 하버드 생들이 놓치고 있는 것은 뇌의 자동 창조기능이다. 창조는 자동기능으로 주어진 결실이다. 의식적 노력은 한계를 넘지 못한다. 사람=창조!

지금 우리는 모두 살인적 노동으로 잠재적 ADHD 환자들이라고 할 수 있다. 뇌의 자동기능이 작동한 릴케에게는 바람 소리가 신선한 영감을 주었다. 자연은 성가신 소음이 아니라 창의력을 높인다. 당연히 모든 사람에게 똑 같은 것은 아니다. 그래서 명하게 있는 시간이 기적을 만든다.

2001년 워싱턴 대학교의 신경과학자 마커스 라이클은 뇌 신경망에서 "휴식상태네트워크(Resting-State Network; RSN) 또는 태만형 네트워크(Default Mode Network; DMN)"라는 신경망을 찾았다. 이 부위는 대부분의 사람들이 아무 일도 하지 않을 때 활성화된다.

그는 기능성 자기공명영상(fMRI) 기기 속에 누운 피험자들이 문제 풀이에 몰두할 때는 활동이 오히려 감소하더니, 실험 후 아무 것도 않고 있을 때 활동이 현저히 증가되는 것을 확인했다. 이는 놀라운 발견이었다. 신경과학자들은 인간이 인지적 활동을 하고 있을 때는 두뇌 활동이 평소보다 증가하기만 한다고 생각한 것이 잘못이란 증거이기 때문이다. 라이클은 피험자들이 인지과제를 안 할 때의 뇌를 관찰했다. 피험자들이 멍하게 있을 때 그 부위가 활성화하는 사실을 발견했다.

그 후 잇달아 피험자가 쉬는 동안 두뇌 활동을 측정한 실험 논문이 수백 편 쏟아져 나왔다. 한가한 상태는 이처럼 실험실에 누워서 공상하는 상태뿐만이 아니다. 일과 시간에 정말로 아무 일도 하지 않는 상태, 바쁘지 않을 때 그냥 생각이 가는 대로 방황하게 두는 상태도 포함된다. 예술적·과학적 통찰이든, 감정적 사회적 통찰이든, 진정한 통찰은 이처럼 극히 드문 한가한 상태에서만 생긴다.

느림보처럼 놀아야 창조해

프랑스 철학자며 수학자인 데카르트는 평소 늦게 일어나는 습관 때문에 침대에 누워 천장에 붙은 파리를 보다가 X축과 Y축으로 구성된 좌표 시스템을 구상했다. 이는 가장 위대한 과학진보의 순간과 가장 위대한 예술작품들이 학자와 예술가들의 끈질기고 고된 노동의 결과가 아닐 수도 있다는 말이다.

　DMN은 떠오르는 대로 생각을 따라 갈 때 작동한다. 아무런 자극이 없는데 돌연 좋은 생각이 번쩍하고 떠오르는 것은 두뇌가 알아서 스스로 저장해둔 지식에서 엄청난 보물을 발굴한 것이다. 따라서 빛나는 아이디어는 잔디밭에 누워서 눈을 감고 있을 때나, 멍하니 창밖을 바라보고 있을 때, 눈을 감고 있을 때와 같이 아무것도 하지 않을 때 활발하게 떠오른다. 뉴턴의 사과도 릴케의 천재적 시도 이와 같다.

　이런 근거로 휴식의 필요성을 과학적으로 설명했고, 일하지 않는 무위의 행동이 나태하고 게으른 자의 시간낭비가 아니라고 한

쉬며 힘을 비축해야!

다. 지금은 대부분의 생산시스템이 자동화되었고, 일을 돕는 최첨단 기술들의 눈부신 발달이, 인간을 해방시킬 것이란 기술발전은 오히려 업무를 가중시키고 있다. 언제 어디서나 일을 할 수 있게 된 우리의 환경이 아무 생각이나 걱정도 없이 멍하게 있는 순간을 다 앗아갔다.

스웨덴의 뇌 과학자 앤드류 스마트가 일중독자들로 가득 찬 세상을 비판하며, 일하지 않는 무위(無爲)의 행동이 기적을 낳는다고, 무척이나 과학적으로 게으름을 찬양하며 쓴 책이 뇌의 배신이다. 그는 뇌 과학계에서 화두가 되고 있는, 뇌가 아무것도 하지 않는 상태를 DMN으로 설명했다.

불필요한 정보를 제거하고 기억을 축적하는 이 상태가 집중력과 창의력을 향상시키기 때문에 일의 성과를 높이고 싶다면 꼭 그런 휴식이 필요하다고 강조한다. DMN은 아무것도 하지 않는 뇌에서 타오르는 불꽃으로 과학계의 뜨거운 감자가 되기도 했지만 이제 확실히 판명 되었다.

비행기에는 장시간 비행하는 조종사들의 피로를 덜기 위해, 자동으로 운항하는 오토파일럿(Autopilot) 시스템이 있다. 이는 장시간 조종사들의 피로가 극에 달해 안전운항에 문제가 생길 수도 있기 때문에 필요한 안전장치다. 오토파일럿 때문에 조종사들이 해이해져서, 사람이 운항하는지 시스템이 하는지 모르는 혼란이 생겨, 심각한 항공사고를 일으키기도 했다.

이 오토파일럿 시스템이 사람의 뇌에도 있다는 것이 확인 되었다. 휴식 상태가 되면 두뇌는 수동제어모드에서, 이 오토파일럿

휴식이 절대로 필요하다!

모드로 전환된다. 두뇌에 있는 이 시스템은 우리가 가려는 곳과 하려는 일을 정확하게 알고 있다. 하지만 이 오토파일럿이 얼마나 많은 것을 알고 있는지 확인하기 위해서는, 오토파일럿을 믿고 뇌의 조종을 맡겨야 한다.

비행사들이 피곤한 상태에서 수동 운항이 위험해 이런 시스템을 이용하듯이, 사람도 두뇌 활동을 오토파일럿에 맡기고 휴식을 취할 필요가 있다. 뇌의 효율성을 위해서는 우리가 그토록 두려워하는 아무 일도 하지 않는 상태, 즉 게으름이 필수적이란 말이다.

4당 5락이란 말이 유행하는 사회에서 자는 시간도 없는데 한가롭게 노는 시간을 가지라는 것은 실패를 자초한다고 할 수도 있다. 그런데 그게 잘못이다. 앤드류 스마트는 가능한 한 일에서 벗어나 자신만의 시간을 가지라고 한다. 지금까지 게으름을 부추긴 사람은 아무도 없다. 그러나 뇌를 전문으로 연구하는 학자가 실험결과를 근거로 하는 말이면 고맙게 받아들여야 된다. 그의 주장은 다

양한 분야의 학문적 근거로 설득력을 갖는다. 인간은 본능적으로 일을 해야 할 특별한 이유가 없다면 바쁘기보다는 게으름을 피우고 싶어 하는 양면을 가졌다.

　미안하지만 우리는 모두 잠재적인 ADHD(행동발달증후군) 환자들이다! 똑똑하게 쉬어야 집중력과 창의력이 되살아난다는 사실을 의도적으로 실천해야 된다. ADHD 아이들의 집중력 저하와, 창의적 아이디어를 내지 못하는 이유가, 바로 이 DMN 때문이다. 그들은 가만히 있는 동안도 계속 딴생각을 하고, 주위 것에 신경 쓰기 때문에 DMN상태를 제대로 못 갖는다. 그래서 단순한 일에 집중하기도, 창의적 아이디어를 내는 일도 못한다.

　독일의 천재 시인 릴케와 세기의 철학자 데카르트도 DMN 상태에서 영감을 얻었다. 이들은 책상 위가 아닌 해안 길을 산책하거나, 침대에 누워 있다가 세계를 놀라게 할 작품과 수학적 발견을 해냈다. 멍하게 빈둥거리는 시간이 사람들에게 정말 소중하다는 것의

안 쉬면 이렇게 망가져

실증이다.

릴케가 산책길 바람 소리에서 신선한 영감을 얻었고, 뉴턴이 한가함에서 사과의 비밀을 발견한 것과 같이 우리에게도 그런 확률공명이 절실하다. 확률공명이란 내외적 자극에 의해 시스템이 더 잘 반응하는 현상이다.

노이즈(잡음 같은 실마리)의 확률공명은 의식에 꼭 필요한 현상이다. 릴케가 길을 걸을 때, 어쩌면 거센 바람과 부셔지는 파도 소리가 "내가 이렇게 소리친들...대체 그 누가 내 목소리를 들어줄까?"라는 내면의 약한 신호를 증폭시킨 것이 바로 확률공명이었다. 한가한 휴식 중이라야 내부의 노이즈 수준을 높여, DMN과 결맞음 공명을 일으킨다. 신경계 안에서 생기는 노이즈는 확률공명을 통해 질서를 유도하고, 뇌 기능을 증진한다. 하루 종일 바쁘게 일하는 사람은 두뇌 내부의 노이즈가 적정 수준 이하로 감소한다.

두뇌는 그저 외부 자극에 반응이나 하는 수동적 기관이기보다는, 계속 자발적으로 활동하는 능동적 기관이다. 두뇌는 계속 유지하고, 해석하고, 반응하고 예측한다. 더 중요한 것은 지각, 기억,

연상, 사고가 두뇌에서 형성되고 새롭게 연결되려면, DMN 상태가 개입해야 된다는 사실이다. 동양에서는 수천 년 전부터 명상을 통해 DMN을 이용하는 방법을 알고 있었다. 반면 서구 사회는 매일 매 순간을 활동으로 채웠다.

그냥 한 번 쉬어보자. 번개처럼 스치는 게 있어

확실히 당면 과제대응은 대단히 중요하다. 인간의 생존은 이러한 도전에 성공적으로 대처하는 능력에 달렸다고 해도 과언이 아니다. 하지만 두뇌가 매일 매 순간 이러한 당면 과제만 처리한다면, 서로 무관해 보이는 것들을 새롭게 연결하고, 패턴을 찾고, 새로운 아이디어를 구상하는 일을 할 시간이 없다. 다시 말해 창의성을 발휘할 여유가 없다. 창의력의 폭발이 빈둥거리는 데서 생긴다는 말과 한가롭게 지내는 것이 두뇌에 좋다는 주장은 두뇌의 정보처리 능력에 한계가 있다는 의미도 된다.

DMN을 구성하는 각 두뇌 부위는 "내측 전전두엽피질, 전방 대상피질, 쐐기 앞 소엽, 해마, 측면 두정엽 피질"이다. 이들 부위가 DMN 전체 네트워크에서 노드에 해당하고, 노드들은 두뇌의 허브 역할을 담당한다.

전전두엽피질은 머리 앞부분에 있으며, 두뇌 개발 순서로 보면 최근에 진화한 부위다. 인지능력 측면에서 전전두엽피질의 주요

땅이 정직하듯 뇌는 더 정직해!

역할 중 하나는 정보를 조작하고 활용하는 것이다. 전전두엽피질 전체가 DMN에 속하는 게 아니고, 내측 전전두엽피질만 DMN에 속한다.

그래서 내측 전전두엽피질은 효율적으로 생활할 때는 활동이 별로 없다가, 한가하게 되면 불이 켜지고, DMN의 다른 모드인, 쐐기앞소엽, 전방대상피질, 측면 두정엽피질과 연계해 자아를 성찰한다.

최적의 DMN 활동수준을 달성하는 유일한 길은 생각 없이 푹 쉬는 것이다. 한가롭게 지내는 것이 좋은 삶의 조건임을 실천해야 된다. 최근 뇌 과학은 자기이해는 한가하게 시간을 보낼 때에만 도달할 수 있다는 사실을 밝히고 있다. DMN은 쉬고 있을 때만 활성화되는 것이 아니라, 자신에게 주의를 돌리고 내면을 성찰할 때도 활성화된다. 이때 정신이 자유롭게 방황하기 시작하고, 무의식에 있던 내용이 의식의 수면 위로 떠오를 수 있다. 신경과학에서 보면, 릴케는 내측 전전두엽피질이 자신이 절대 자각하지 못하는 내용이 잠재된 부위인 해마와, 신피질이 보내는 이미지와 연상을 받아 자아에게 보고하도록 허용하는 법을 배웠다고 할 수 있다.

그는 철저히 자아를 성찰했기 때문에 우울한 감정에 휩싸일 때가 많았고, 또 내면의 모든 추악한 측면을 의식의 수면 위로 끄집어내 세심히 성찰했다. 이것이 천재와 정신질환자를 구분하는 극히

사람의 생물적 특성은 창조하기

미세한 선이다.

지금 우리가 맞는 갈등은 살인적 노동과 정신분산에 시달린다는 것이다. 그 예가 애플과 폭스콘이다. 애플은 세계에서 가장 쿨한 디지털 기기를 만들어 세계에서 가장 주가가 높은 기업이지만, 온통 사람의 정신을 다 앗아가며, 이중으로 그 대가를 치르게 한다. 기업의 이미지만큼 노동환경도 쿨하고 선진적은 아니다.

한계를 넘으면 시스템은 망가진다. 이런 현상은 육체노동은 물론 정신노동에도 동일하다. 쉬지 않고 일한다고 성과가 높아지는 것이 아니다. 인간 두뇌의 작동원리에 대한 심각한 무지가 낳은 결과다.

교육이 뭐지?

교육이라면 누구나 다 아는 것처럼 말한다. 또 그렇게 말하는 것이 다 잘못된 것도 아니다. 다만 부분적이고 덜 바람직할 뿐이다. 학자들이 복잡하거나 애매하게 말하는 것보다, 그냥 쉽게 알고 적용하는 편이 훨씬 더 낫다. 어느 경우도 그냥 아는 것이 목적이 아니다.

필자는 대학원에서 한국 최초로 "조직 내 인적자원개발(HRD: Human Resource Development) 논문을 썼고, 30년도 훨씬 넘게 HRD를 전업으로 했다. 이 때 개발의 대상은 조직에서 일하는 사람들이었으며, 사회단체에서 초등학생부터 60대까지를 대상으로 가르치는 활동을 해봤다. 대학에서 이 분야를 강의하며 엄청 짜릿하기도 했고 대단히 불만스럽기도 했다. 이러다보니 왜곡된 우리의 공사(公私)교육에 불만을 가질 때가 많다. 수많은 전문가들이 있어도 악순환만 거듭된다. 소비자와 공급자가 다 조금씩 부족하기 때문에 그런 것 같다. 교육(배움)은 극히 복합적 작용으로 이루어진다.

① 우리가 주로 적용하는 교육

원래 전통적인 학교교육(7,8세기에 그리스에서 처음 생김)은 일방적으로 주입시키는 식으로 가르치는 것이다.(The art and science of teaching children.) 괄호 속에서 아이들은 "뭔가를 모르고 할 수도 없으며 할 맘도 없는 사람들"이다. 또 가르친다는 것은 "자신이 알거나 할 수 있거나 할 맘이 있는 것을 전달하는 것"이다. 상식적으로 교육이라고 할 때는 이 수준이다. 즉 교육이란 "자신이 알거나 할 수 있거나 할 맘이 있는 것을, 모르거나 할 수 없거나 할 맘이 없는 사람에게 전달하는 것"이라고 확신한다. 이래서 온 세상에서 일부 사람을 잡고 있다.

오로지 가르치기

② 다음은 1930년대 초 농업교육이 성했던 덴마크에서 생긴 성인교육의 의미로 "교육이란 어른들을 잘 배우도록 도와주는 것"이다.(The art and science of helping adults learn.) 괄호 속의 성인이란 자신에 관한 의사결정을 스스로 할 수 있고, 그 행동결과에 대해 책임질 수 있는 정도로 성숙한 사람이다. 또 이미 경험과 상당한 전문성도 가진 사람이다.

뿐만 아니라 자유의지를 행사할 수 있는 정도로 성숙한 상태도 된다. Help에는 "돕다, 쉽게 하다, 촉진하다"는 의미가 있다. 교육은 "잘 배우도록 쉽게 하고 도와주어 배움을 촉진하는 것"이다.

③ 그런데 1984년에 블레이크와 무튼 부부가 제시한 기가 막힌 게 또 있다. "교육이란 상호학습을 위한 공동작업"이다.(Working together for shared teaching) 무엇을 배우거나 사람이 변화될 때 반드시 교사를 통해서 되는 것만이 아니라 서로 주고받는 데서도 배움이 이루어진다고 했다.

옛날에 공자님도 그랬다. 세 사람이 함께 가면 거기에는 반드시 나의 스승이 있다고. 어쩌면 이것이 가장 정확하고 큰 진리인지도 모른다. 왜냐하면, 모든 사람은 다 우주에서도 유일한 존재이므로, 모두 다르게 만들어졌고, 모든 사람에게 각각 스승이 될 수 있다.

　　그런 면에서 그냥 함께 얘기하고 생각하며 가진 것을 나누면 바로 배움이 생긴다니 놀랍다. 반드시 멘토나 코치나 선생이 아니더라도 서로 나누면 가르치고 배울 수 있다는 의미다. 그래서 바이블은 "서로 나보다 남을 낮게 여기라(빌 2:3)"고 해서 지혜롭게 살게 했다.

　　④ 마지막으로 일하는 현장에서 여러 사람이 배움(교육)에 대해 강조한 정의가 있다.(교육은 가르치는 사람 중심, 배움은 배우는 사람 중심) 배움이란,

　　〈지시나 강의를 받는 것이 아니라 학습자가 능동적으로 참여·관여하는 활동. 비교적 영구적인 행동변화. 다른 지식이나 기능 또는 태도를 더 얻는 것, 새로운 환경적응을 위해 기존 지식·기능·태도의 수정일 수도, '개인 집단 조직의 인식, 태도, 행동'의 변화. 개인과 조직의 성과를 지

모두 참여하는 식

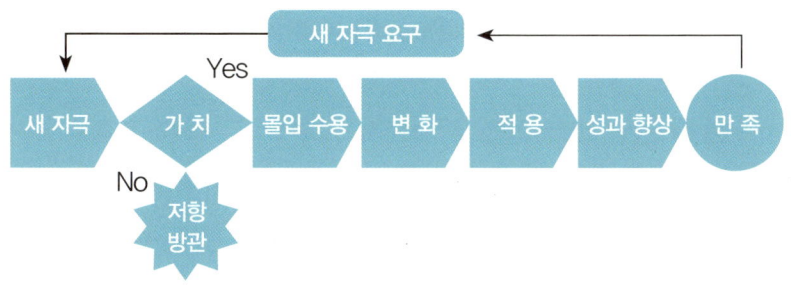

사람들의 배움 모형

원하는 본질적인 여러 활동〉

⑤ 위의 것을 다 종합하면, 배움(학습)이란 "학습자가 참여해서, 공동 작업으로, 변화되어, 삶에 적용한 후, 성과가 좋아지도록 도와주는 과정"이라고 하면 된다. 가장 강조하여야 할 것이 "학습자의 참여, 상호활동, 변화, 적용, 삶이 나아짐, 과정"이다. 이것을 극단적으로 얘기하면, "학습자가 참여하지 않은 것, 상호활동이나 공동 작업이 없는 것, 좋은 쪽으로 변화가 없는 것, 적용할 것이 없거나 적용하지 않은 것, 삶이 나아지지 않은 것 등"은 교육(배움)이 아니라고 할 수도 있다. 철저히 고객지향으로 고객이 효용을 누려야 된다. 생활인의 배움 모형은 그림과 같다. 새로운 자극이 주어지면 가치 유무를 따진 후, 가치가 있으면 받아들여 변화한다. 그리고 적용한 후 성과가 향상되어 만족하게 되어야 계속 배우려 한다.

그러나 일단 가치가 없으면 방관하거나 저항도 한다. 이는 학생이나 어른이나 같다. 가치가 있다는 것은 직업이나 사업에 필요하거나, 당면문제 해결에 도움이 되거나, 일생의 생명유지에 도움이 되는 것들이다.

무엇이 공부를 잘 하게 하나?

결혼 11년 만에 가까스로 마련한 집을 불과 2년 후에 내어주고도 10억 넘는 빚을 졌다면, 엄마는 이혼하고 아이들은 가출하거나 자살하는 것도 예사다. 그러나 학원은 물론 단칸에서 묵묵히 노력한 끝에 서울대와 MIT 입학, 행정고시 합격이라는 놀라운 성과를 거둔 두 아이의 공부 이야기는 이 땅의 청소년과 학부모들에게 참된 공부가 무엇인지 바로 알려준다.

학원 대신 엄마가 아이들과 같은 방에서 함께 공부하며 서로에게 힘이 되는 동료가 되었다. 그들이 특별한 사람들이 아니라 꿈을 이루게 한 원동력은 바로 강한 의지였다고 한다. 만약 빚이라는 거대한 벽에 부딪히지 않았다면 그렇게 강한 의지를 가질 수도 없었단다. 그들이 공부를 해야 하는 진짜 이유는 "인생이라는 길고 긴 마라톤을 완주하기 위해 기초체력을 다지는 활동"으로 여겼기 때문이다.

삶에 위기가 닥쳤을 때 쉽사리 무너지지 않도록 지탱해 주는 것이 바로 공부의 힘이다. "꿈을 이루기 위해 공부하는 것이야말로 삶을 아끼는 일"이라면서 아이들과 함께 글을 쓴 엄마는 2010년에 당당히 현대문학 장편소설 상을 수상했다. 이처럼 가족이 함께한 10년간의 공부는 놀라운 결과를 가져왔다.(이채원, 우리는 공부하는 가족입니다)

이와 같이 마음은 만능 도구다. 사는 것 장난이 아니다. 세상 만만치 않다. 이런 말들을 많이 한다. 말뿐만이 아니라 실제로 어렵다고들 한다. 그럼 우주와 자연은 사람에게 아주 최적한 환경을 마

공부엔 지필묵보다 마음이 먼저다

련했는데 왜 사람들은 살기가 어렵다고만 하는가?

　　여기에 사람들의 큰 실수가 있다. 사람들은 우선 눈에 보이는 것만 인정하고 그것을 전체로 보기 때문에 우주적 지성을 인정하지 않거나, 우주가 우리에게 준 막강한 도구인 마음조차도 제대로 활용하지 못한다. 기껏 마음을 사용하는 사람들도 그것으로 사람을 미워하거나 저주하는 정도로만 쓰니 좀 안타깝다. 이제 이 거대한 무기를 제대로 활용하고 누리자.

　　마음은 수정순간에 내게 들어와 나의 일생을 좌우한다. 그래서 일생 마음의 소리만 들으면 최선의 삶을 살 수 있다. 마음은 우주에서 왔고 항상 우주와 통하며 그러다보니 우주와 통하는 소원은 다 들어준다. 나의 생각이 우주와 통하면 그것이 무엇이든 이루어진다.

　　그런데 사람들은 이 막강한 도구인 생각의 힘을 사용할 줄 모른다. 우선 그 위력을 모르고 인정하지 않기 때문에 사용하지 않으며, 상식적으로 좀 안다고 해도 아예 믿질 않는 경우가 더 많다. 사람은 모든 경우에 마음이 허용하지 않거나 마음에 없으면 아무 것도 할 수 없고 안 된다.

내 마음에 싫으면 부모도 싫고 애인도 싫다. 아무리 배가 고파도 마음에 들지 않은 음식은 먹을 수 없다. 아무리 재미있는 것도 마음에 안 맞으면 아무 것도 아니다. 선생님이 아무리 기억하라고 해도 마음이 예스하지 않으면 기억이 안 된다. 평양감사도 제 싫으면 못한다는 말도 같다. 그 좋은 평양감사도 마음에 없으면 아무 것도 아니란 말이다.

이처럼 사람의 마음은 대단한 파워를 가진다. 가히 전지전능하다고 해도 된다. 왜 그럴까? 마음은 우주에서 왔기 때문에 사람의 본심은 바로 우주의 생각이다. 그러니 우주의 마음이 하려면 다 되고, 우주의 마음이 아니라면 아무 것도 아니다.

마음에 없으면 비켜가

내가 마음으로 생각하는 대로 나의 지능도 정해지므로 내가 천재라고 생각하면 실재로 천재가 된다. 내가 건강하다고 생각하면 건강하고 병약하다고 여기면 또 약을 달고 살거나 병원을 직장처럼 출퇴근한다. 내가 재미있는 사람이라고 생각하면 확실히 그렇게 된다. 내가 부지런하다고 생각하면 부지런하게 되고 내가 날씬하다고 생각하면 날씬하게 된다.

그래서 사람을 키울 때도 마음을 제대로 활용하도록 도와줘야 된다. 마음을 제대로 활용한다는 것은 마음의 절대적인 힘을 인정하고 절대로 믿으며 그대로 행동하면 된다. 배화여고 출신 김00는 "일방적 강의식 수업이었기 때문에 성적은 좋을 수 있었으나 흥미는 전혀 가질 수 없었다."고 중고교 시절에 대해 머리를 흔든다. 이만큼 지금 학교는 학생들을 지겹게 만들고 있다. 즉 학생들의 마음을 거의 못 얻고 있다.

마음을 얻어야 공부가 된다. 그냥 환심을 사라는 것이 아니다. 학교에 가고 싶고 선생님이 보고 싶으며 공부하는 모든 과목에 몰입하고 싶어 안달할 정도로 되면, 부모나 선생님이 굳이 공부하라고 할 필요가 없다.

우리가 흔히 말하는 한국의 명문대학에 들어간 100명이 집필한 책 "우리가 공부를 결심해야 하는 이유"에는 내면의 열정과 에너지가 샘솟게 하고 지식을 받아들이는 바른 자세를 가지고 집중을 해야 공부가 된다고 했다. 공부하는 방법이 중요한 게 아니라 공부를 받아들이는 학생의 마음, 즉 공부의 동기가 중요하다고 했다. 그리고 최선의 공부 동기는 자신의 특성과 잘 맞는 것이라야 효과적으로 작용할 수 있다고 입을 모았다.

내가 왜 여기서 식사를 해야 돼?

이처럼 경험자들의 주장은 마음이 하고 싶도록 원해야, 무엇을, 무슨 방법으로, 누구와 함께, 언제, 어디서 해도 공부가 제대로 된다고 한다. 이제 무엇보다 먼저 배우는 사람의 마음부터 얻어야 됨을 알 수 있다. 우주가 마음을 보내서 사람이 바람직하게 살도록 했는데 마음에 없는 것을 억지로 하게 하는 것은 자동차에 연료도 없이 밀고 다니는 것과 같다.

학생이든 어른이든 마음이 열려야 배운다. 마음을 얻기 위해, 학생이 하고 싶은 것을 하게 한다. 그가 좋아하고 잘 하는 것을 하게 한다. 완전히 참여시킨다. 책임을 지게 한다. 인정받을 기회를 준다.

칭찬과 적당한 보상도 한다. 비난이나 책망이 아니라 긍정적 피드백을 하고 격려하며 기를 살려준다. 재미를 기본으로 한다. 양 뇌와 모든 감각을 다 개입시킨다.

사람은 워낙 미숙상태로 나기 때문에 타고난 배움 기계다. 세상에 난 날부터 새로운 것을 배워왔고, 끊임없이 배워야 변하는 환경에 계속 적응할 수 있다. 배우고 적응하는 두 가지 능력은 큰 자극을 받을수록, 상황에 대한 공감이 클수록 더 향상된다.

또 사람은 모두 천재성을 갖고 태어났지만 유지하지 못하기 때문에 다른 결과의 삶을 살게 된

마음이 안 내켜

다. 그리고 이 천재성은 사람마다 다르게 똑똑하다는 것을 인정하고 개인에게 맞는 공부 스타일을 찾아주면 지킬 수 있다.

뇌는 생존에 필요한 것들을 잘 기억한다. 해마는 도서관의 사서처럼 가치가 있는 정보는 신 피질의 장기저장고로 보낸다.(최재웅, 천재는 어떻게 만들어지는가?) 자신이 살아가는데 도움이 되는 것은 뇌가 다 알아서 기억한다. 기기 서기 걷기 뛰기 말하기 등을 스스로 차례차례 배웠다. 살기 위해 쓸모가 있는 것을 반드시 계속 배운다.

그런데 배움과 감정과 건강을 담당하는 뇌의 각 부분은 모두 서로 연결되어 있다. 감정과 신체가 건강하고 사람들과 관계도 좋아서 이 세 부분이 균형이 잘 맞으면 배움은 아주 잘 된다. 외울 것을 노랫말로 만들어 함께 즐겁게 노래를 부르면 훨씬 쉽게 외울 수 있다. 재미있는 게임을 하면서 기능을 익히면 훨씬 쉽고 재미있게 익힐 수 있다.

아주 복잡한 개념이나 상황을 영화로 보거나 직접 연극을 하면 아주 단시간에 자기 것이 된다. 외국어를 배울 때도 직접 극을 하면 단 시간에 쉽고 재미있으면서 완벽하게 구사할 수 있게 된다. 이는 곧 좌뇌와 우뇌 및 전 감각을 다 개입시키기 때문에 효과가 있다.

마음이 열리고 마음에 들면 무엇이나 재미있고, 무엇이나 긍정적으로 잘 받아들이며, 기억도 저절로 된다. 이는 무의식중에 자신도 모르게 장기기억으로 솔솔 들어가는 현상이고 인출도 잘 된다. 배움의 키는 마음이다.

마음이 원해서 배움을 잘 이룬 예는 정말 흔하다. 우선 열악한 환경을 딛고 성적을 올린 예가 이를 증명한다. 이는 다 마음이 원해서 이룬 쾌거다. 여수에서 서울대 바이오시스템소재학부에 합격한 경우도 그렇다. 학원에 다니거나 과외를 받아본 적이 없었다. 허름한 셋집에 공부할 공간이 마땅치 않아 중학교 때까지 방과 후 지역 아동센터에서 공부를 했다.

첫눈에 반한 다기

고교생이 된 후엔 학교 기숙사에서 생활했는데, 주로 교과서를 반복해 읽었다. 그는 "나를 응원해 주는 가족을 이끌어야 한다는 책임감 때문에 더 열심히, 재미있게 공부할 수 있었다"고 했다.

서울대 사회과학계열에 합격한 p양도 강원도 폐광촌 출신이다. 집안이 어려워 초등1학년 때부터 위탁가정에서 자랐다. 그는 학교가 작아 모르는 게 있으면 바로 선생님에게 달려가 여쭐 수 있어 좋았다고 했다.

최악의 환경 속에서 최상의 결과를 이끌어내는 학생들의 동력은 뭘까. 우리가 배워야 할 것은 이 질문의 답이다. 경제협력개발기구가 제시하는 해답은 학업탄력성이란 말인데, 이는 열악한 환경을 극복하고 학업에 열중하는 집중력과 긍정적인 마음가짐이다.

최근 국제학업성취도평가(PISA) 성적을 기준으로 학업탄력성이 뛰어난 학생들의 비율을 조사했더니 한국은 OECD 평균(7.66%)을 넘어, 66개국 중 3위(14.04%)에 올랐다. 공부근육이 튼튼한 학생

마음이 내키면 기막히게 정교하고 아름다워!

이 많은 국가이다. 아무리 가난해도 자식 공부만은 포기하지 않겠다는 부모들의 열의가 다른 나라보다 강하기 때문이다. 학업탄력성이 높은 학생들은 우선 학업을 통해 꿈을 이루겠다는 목표 의식이 뚜렷했다.

수학 머리와 운동 머리는 다른가?

대전의 카이스트와 서울의 연구소에서 연구하고 가르치는 김대식은, 어릴 때는 수학과 미술 두 가지에 관심 있었다. 열 살 때부터 과학자가 되겠다고 했다. 하지만 사춘기를 지날 때 그림도 꽤 잘 그렸고, 학교 지원 시스템도 좋고 하니까 한동안 미술에 빠졌다. 미술 선생님이 "독일 미술계를 바꿀 수도 있겠다"고 칭찬도 해서 혼자 괜히 신이 나, 어머니한테 미대 가겠다고 했다. 하지만 혼 줄이 난 후에 결국 공대로 갔다.

이 짧은 글 속에 나타난 김대식은 별난 학생이라고 할 수 있다. 수학과 미술을 다 잘 했다면 요즘 굳어진 흔한 생각으로는 좌뇌와 우뇌가 다 잘 발달된 유형이기 때문이다. 이런 사람도 있지만 대체로 한 편이 더 우세한 경우가 많다. 그것도 스스로 또는 남이 그렇게 볼수록 더 심하다.

뇌 유형이 완전히 벽으로 갈라둔 것처럼 그렇게 고정되어 좌

가로수, 신호등, 그림, 글자, 철 기둥이 다 같다

뇌와 우뇌로 구획이 나눠져 서로 통하지 않거나 영원히 다르게 기능하는 것은 결코 아니다. 따라서 뇌 유형의 차이를 인정하여 달리 대응할 필요도 있지만, 지나친 노예는 안 되었으면 좋겠다. 얼마든지 변할 수 있기 때문이다.

모찰트의 음악과 피카소의 그림에는 음악과 미술적 천재성인 우뇌의 특성도 탁월하지만, 수학적 천재성도 탁월하다는 평가가 있다. 보통 사람은 모르지만 그 분야의 전문가들은 모찰트 음악의 수학적 모델과, 피카소 그림의 대칭이나 선과 원근법 등에 감탄을 한다고 한다. 그렇다면 이 두 사람의 뇌 유형을 정확하게 좌우로 가른다는 것은 큰 실수다. 다만 배움과 가르침의 장에서는 작은 차이라도 인정하고 배려해야 된다.

우주 안에 있는 모든 물질의 기본모형은 똑 같다. 그러니 사람도 상당부분이 똑 같다. 그러나 실제로 70억 넘는 사람 중에 똑 같은 사람은 하나도 없다. 게다가 사람은 한 번 만들어진 기계처럼 최고 성능이 정해져 있는 게 아니라, 항상 변하고 변할 수 있다.

이렇게 같은 사람이 없는 데도 우리의 교육제도는 같은 나이로 묶거나 같은 성별 또는 성적 분포 그리고 같은 전공 별로 집단을 만들어두고 똑 같은 장소와 같은 시간에, 같은 내용을 같은 방법과 매체로 제시하며 가르친다. 뿐만 아니라 같은 속도로 가르치고 같은 측정기준으로 평가한다.

같은 나이라도 10개월 차이는 나는데, 청소년이나 성인이 된 후에야 별 영향이 없겠지만, 초등학생 특히 저학년에게는 모든 면에서 차이가 크다. 1학년에서 1월생과 10월생을 같이 대해보면 금방 알 수 있다. 이렇게 차이를 인정하지 않아 학생을 잡는다.

이런 것들은 오히려 보이는 것이라 구분이라도 쉽다. 뇌와 기질과 재능으로 가면 훨씬 더 막연하고 어려워진다. 우선 뇌 유형에서 보면 크게 좌뇌와 우뇌로 나누어진다. 우뇌의 특성이 재미 창조 아름다움 운동 인간다움 등이고, 좌뇌의 특성은 분석과 계산과 논리화 설계 객관화 등이다.

그런데 반드시 바람직한 것은 아니지만, 우리 사회가 가장 선

산양들을 덥다고 물속에 넣을 수 없다

호하는 것은 학교성적 높은 것이다. 일단 학교성적이 좋으려면 학생의 열심이나 몰입을 생각할 것 없이 좌뇌 형이라야 된다. 공부하는 내용 가르치는 방법, 평가하는 방법이 다 좌뇌 것이라 그렇다. 국영수가 다 좌뇌 영역이며, 물리나 화학도 사회나 역사도 그렇다. 지금도 학교에서 우뇌영역은 예체능뿐이다. 그런데 문제는 또 시간 배정의 균형이다. 국영수가 제일 많고 과학이나 사회가 그 다음이며 체육이나 예능은 기껏해야 한 두 시간씩이다.

다음은 가르치고 배우는 방법이다. 드라마를 하면서 영어를 익히거나, 게임을 하면서 수학을 풀거나, 조사 발표를 하면서 국어 공부를 하는 게 아니다. 그리고 사회참여하면서 사회학습을 하는 것이 아니라, 지금은 물론 미래에도 아무 가치 없는 내용까지도 교과서에 있으면 들어야 하고 억지로 익혀야 한다. 심지어 체육이나 음악까지도 순전히 선생님이 설명하고 학생은 교과서를 들여다보면서 설명을 듣고 필기하는 식이다.

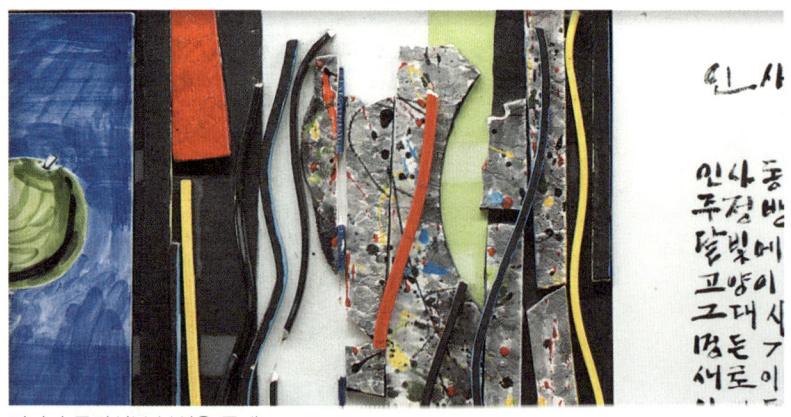

작가가 물감성분 분석은 못해

이러니 여기에 지치지 않을 학생이 얼마나 될까? 정확한 통계는 아니지만 한국인은 좌뇌형이 대체로 20% 정도 된다고 한다. 그렇다면 학생이 30명인 경우 지금의 과목이나 배움 방법에 만족할 사람은 겨우 6명이다. 나머지 24명은 지옥을 경험한다. 일단 한두 번 경험하고 나면 세 번째는 아예 마음을 열지 않으니까 한 학기 4개월을 낭비하고, 시험 성적이 낮으니 억울하게도 학생만 깡그리 손해를 보고 만다.

혹시 이런 상황에서도 선생님이 학생들의 내심을 읽고 급격히 방법을 바꾸고 다양한 학습매체를 혁신적으로 바꿔서 학생들이 아주 재미있게 참여하도록, 학생중심으로 하면 학생들은 몰입할 수도 있다. 그러나 이것은 희망일 뿐 그럴만한 선생님도 드물고 학교가 허용하지 않을 수도 있다.

그럼 우뇌형이 많은 우리 학교는 어떻게 해야 되나? 우뇌형은 운동과 재미와 아름다움과 새로운 것, 감성적이고 인간미가 넘치는

큰 무와 달랑 무는 많이 달라

것 등을 좋아한다. 그리고 기존의 것이나 남과 다르게 하기를 좋아한다. 이것은 일종의 창조행위다. 그러다 보니 맡겨주기만 하면 무엇이든 어떻게라도 만들어낸다. 학교나 선생님은 일종의 모험을 감행하는 각오로 해야 된다. 학교도 선생님도 배우거나 경험한 적이 없기 때문에 겁이 날 수도 있다.

그러나 학습의 장에서 주인은 학생이고 교육의 목적은 그들을 변화시키되 현재보다 더 나은 상태로 변화되게 해야 하므로 그들이 움직이게 해야 된다. 그러기 위해 일단 도달 수준과 이루어야 할 과제만 제시하고 전적으로 맡겨야 된다. 굳이 필요하다면 절대 이탈하거나 범하면 안 되는 한계는 분명하게 설정하여 기본 규칙은 지키게 해야 된다.

개인을 관찰하거나 측정해서 기본 적인 차이를 확인하고 맞춰주는 활동이 가장 좋지만 측정도구가 바람직하지 않으면 그것도 어렵다. 대체로 순차적으로 생각하는 사람은 좌뇌가, 무작위로 생각하는 사람은 우뇌가 우세하다. 어떤 경우에도 사람의 뇌가 완전히 구분되어 서로 통하지도 않고 이해하지도 못하는 것은 아니므로, 뇌 유형을 절대시 할 필요는 없다.

뇌가 성인의 몸무게에서 차지하는 비중은 2퍼센트밖에 안 되는, 주먹 2개 정도의 작은 기관이지만, 1000억 개의 신경 세포가 1000조 개의 시냅스를 형성하며 얽힌, 우주에서 제일 복잡한 시스템이다. 뇌는 인간의 역사, 행동, 언어, 기억에 관한 모든 정보가 담긴 판도라의 상자이기도 하다.

이 복잡한 뇌를 쉽게 둘로만 나누는 것이 위험이 있긴 하나 활동과 성과에 분명히 차이가 있으니까 차별화하는 것이 더 바람직하다.

주의를 기울이려고 부단히 노력함에도 우리의 마음은 갈피를 잡지 못하고 둥둥 떠다니는 때도 있다. 이는 말의 속도가 뇌의 정보처리 속도보다 느리기 때문이다. 말의 속도는 대략 분당 200-300개 단어를 구사하는 정도지만, 뇌가 처리할 수 있는 청각적 정보

오로지 배우는 사람 중심

는 분당 600-800개나 된다. 이때 필요한 것은 집중이지 뇌 유형의 차이는 아니다.

실제로 순차적으로 생각하면서도 강의의 속도가 느리면 그 사이에 별 생각을 다 삽입하여 소설을 쓰기도 한다. 물론 아예 작정하고 잡담도 하지만 실제로는 머릿속으로 정리를 하고 있다. 이런 현상을 우뇌 형이라고 오해하기 쉽다. 그러니 개인을 여러 상황에서 장기간 관찰하지 않는 한 칼로 자르듯 뇌 유형을 구분해서 단정할 수는 없다.

그래서 가장 바람직한 대안은 모든 경우에 학습자 중심으로 전환하는 것이다. 반드시 배워야 할 것, 이해하거나 기억해야 할 것, 할 수 있어야 할 것, 또 할 마음을 가져야 할 것 등을 확실하게 제시하고 가능한 한 시간도 한정해야 된다. 도움이 필요하면 장소와 필요 매체를 한정하고 지원도 해야 된다. 드라마를 하는 경우에

도 제목과 포함할 내용과 모두가 익혀야 할 것만 제시한 후 모든 것을 전적으로 맡겨야 된다. 누구나 그래야 몰입해서 잘 배운다. 즉 참여하고 체험하며 창조하기 때문에 저절로 된다.

공부하고 싶어 안달 나게 하려면?

기록에 보면 테니스는 원래 영국에서 시작했는데 귀족들은 구경하고 하인들이 열심히 뛰었다고 한다. 그러다 차츰 귀족의 운동으로 바뀌었다니 의미가 있다. 수영을 하려면 수영복을 입고 물에 들어가야 된다. 남이 사과 먹는 것을 아무리 즐겨 봐도 나는 사과 맛을 모르고 즐길 수도 없다.

춤을 추고 싶으면 내가 직접 춤을 춰야 재미도 있고 잘 추게도 된다. 노래 부르기도 똑 같다. 내가 불러야 맛도 나고 실력도 는다. 무엇이든 다 같다. 내가 지식을 배우든 기능을 익히든 태도를 바람직하게 갖거나 바꾸는 경우에도 내가 직접 경험을 해야 된다.

배움이나 가르침의 장 주인공은 배우는 사람 즉 참여자다. 이 참여자가 변해야 된다. 변한다는 것은 보다 더 바람직한 상태로 되는

정도는 배우는 사람 중심으로 전개

지식교육은 어떤 방법이든 선택의 여지가 많다

것이다. 그러기 위해서는 제일 중요한 첫 조치가 변해야 할 사람을 움직이게 하는 것이다. 그래야 보다 쉽게 변한다. 특히 지금은 대부분 변해야 될 사람은 팔짱만 끼고 있고 변화를 촉진하거나 도와주는 사람만, 자신이 가르쳐야 된다고 열을 올리고 땀을 뻘뻘 흘린다. 극단적으로 말하면 변해야 될 사람이 꿈쩍도 않기로 작정하고 있으면 변화시켜야 될 사람이 아무리 노력하고 위협해도 안 변한다. 심지어 개그 콘서트에서도 매일반이다. 아무리 웃기려고 노력해도 청중이 웃지 않기로 작정하고 근엄하게 앉아 있으면 절대 못 웃긴다. 즉 청중이 마음을 열고 박장대소하려고 하니 쉽게 웃게 될 뿐이다. 배움의 장에서는 반드시 적용해야 할 기본 틀이다.

지식기억용 방법

　시험보기, 관계 짓기 게임, 노래 말로 만들어 노래 부르기, 괄호 넣기, 설명에 맞는 카드 찾기, 순서 연결하기 등으로 참여시킬 수 있고, 이런 연습은 바로 인출 연습이라 2중의 효과를 갖는다.

대화식 또는 질의응답 식, Program 학습, 과제 독서 방법, 필기식, 시범(Demonstration), 사례 토의, 유인물 활용, 다양한 시각자료 보고 평가하기, 청각자료 듣고 답하기 등이다.

이해용 방법

강의식, 대화식, Program 학습, 컴퓨터 활용, 상호작용 비디오, 지도자 중심 토의, Panel discussion, 심포지움, 세미나, 집단 토의 공유, Buzz group, Tutorial, 시험, 게임, 개방토의, 사례연구, Feedback meeting 등은 어디에서나 할 수 있다.

현장견학, 과제할당, 보완모임, 시나리오 쓰기, 역할 교환 분석, 실제연습, 연습 및 수정, 시범 실습 교정(시범 교정 실습) 등도 좋다. 이 외에도 생각하기 나름으로 무한하다.

적용지원하기

개방토의, 사례연구, Feedback meeting, 언어실습, 역할연기와 역 역할연기, 친교연습, 2인 회의, 교류분석, 집단 감수성 훈련, 창조적 문제해결, 코칭, 실제 일 바꾸기, 행동(역할)모델, 체크리스트로 행동수정, 집단 개발, 팀 빌딩, 집단 간 미팅, 코칭과 Mentoring, 과정 컨설팅, 생각하고 보고 행동하기, 생각하고 행동하고 보기, 상담, 문제해결, 실제 의사결정 등이다.

배우는 사람들이 주인이 된 학습장을 만든다

최근 배우는 사람을 참여시키거나 중심으로 해서 적용하는 다양한 방법이 있는데 이들은 대체로 새로운 물리학인 양자이론을 근

참여와 작품 전시와 아름다움의 일석3조 효과

거로 하고 있다. 사람을 미립자 수준에서 보면 기존의 관점을 바꿀 것이 많기 때문에 참으로 유용하다. 그래서 미리 그들이 도달해야 할 수준을 그려두고 기대하며 그렇게 가도록 작용한다.

그것이 학습을 촉진시키는 방법이다. 평범한 교실을 활기 넘치는 학습 공동체로 바꾸고, 학습 동기를 유발시켜 몰입하게 하는 학습장 분위기를 만들어 학습 공동체의 근간이 되게 한다. 최소의 노력으로 최대의 학습 효과를 얻어내는 최적의 교실 환경은 재미있는 곳이면 된다.

도전과 재미, 흥미 요소를 적절히 갖춘 학습 디자인, 원활한 소통과 적절한 도구를 이용한 커리큘럼 진행하기, 강력한 대화기능과 열정적인 프레젠테이션, 참여와 상호작용을 이끌어내는 명쾌한 퍼실리테이션, 학업성취감과 열의를 올리는 학습기술, 창의적 천재성 깨우기, 잘못된 상황과 인간관계를 해결하는 삶의 기술 등이 어우러지면 최고의 장이다.

그러면 학습에 흥미를 갖고 열심히 집중하고 있는 학생들의 콧노래가 들리고, 기대감과 호기심으로 가득 찬 표정뿐만 아니라 자신보다 먼저 깨우친 친구를 축하하며 칭찬하는 말도 할 것이다. 이 모습이 바로 앞으로 이루어야 할 배움의 장을 제대로 묘사한 것이다. 배움을 돕는 사람들의 성과와 학습자들의 배움을 동시에 향상시킬 수 있는 환경이다. 가르치는 주제와 상관없이, 가르치는 행동을 예술적으로 의미 있게 하면 더 좋다. 의식적으로라도 즐거워하다보면 가르침과 배움, 모두가 더 재미있어진다.

재미와 즐거움은 학생들을 더 쉽게 학습하게 하고 부정적인 태도를 바꾸게도 한다. 이루고자 하는 마지막 모습을 그려놓고 거기에 도달하는 노력을 하면 된다. 처음에는 약간 쑥스러울 수도 있지만 막상 해보면 새로운 차원으로 들어가므로 그러기를 권한다.

불행하게도 즐거움이 배움과 단절되고 들떠야 할 배움이 맥빠진 경험이 되는 학습은 호기심, 발견, 놀이, 오만 가지 질문 등으로 바뀌어야 된다. 배움을 강요하지 말고 반드시 스스로 깨닫고 참여하게 만들어야 된다!

배움은 배우는 자와 배움을 돕는 자의 다양한 상호작용을 통해 효과를 배가시킬 수 있다. 교실 분위기만 바꿔도 학습 의욕이 솟아나고, 좌석배치만 달리 해도 배움의 태도가 현격히 좋아진

민관 상호작용이 개발한 국산 차

다. 게다가 눈으로 배우는 사람, 귀로 듣고 이해하는 사람, 몸으로 익히는 사람 등 참가자마다 학습 유형도 다르다. 그래서 시각 청각 근육자극 등을 통합하여 학습자의 성향을 모두 고려한 혁신적 학습 프로그램을 진행해야 좋다. 그림, 음악, 스포츠 등을 이용해 학습자의 사고력과 창의력, 이해력, 암기력, 집중력 등을 어떻게 높이는지 한번 알아보자.

사람의 가능성을 생각하고 믿으면 잠재된 학습능력을 깨워 최고의 학습효과를 이끌어낸다. 참여시키는 배움의 장에는 필기요령, 암기법, 속독법, 작문법을 비롯해 대화능력과 인간관계 기능 등도 배운다. 그러므로 성적향상은 물론이고 배움 활동에 적극적으로 참가하고, 자기 자신을 긍정적으로 바라본다.

로자노프의 가속 학습과, 가드너의 다중지능과, 그라인더와 밴들러의 신경언어 프로그래밍 등 다양한 이론이 다 이런 자연적 변화방법을 적용하라고 권한다. 이런 내용은 수십 년의 경험과 연

여러 사람 여러 유형 여러 자극이 필요해

구를 통해 배우는 사람과 돕는 사람 모두의 능력을 높여준다는 것
이 입증되었다.

　이제는 학습자들의 자발적인 참여와 적극적인 활동을 통해 개
개인의 성취감과 자신감을 높여주는 새로운 차원의 교육 모델로 인
정받아 미국의 공·사립학교와 대학교는 물론, 항공우주국과 대 기
업에서도 활용한다.

　효과적인 학습 환경 만들기, 커리큘럼 디자인하기, 내용 전달
하기, 학습 과정 촉진하기 등에서 탁월한 효과를 본 것이다.(김창환
역, 퀀텀 교수법) 이 방법을 익혀 구체적인 기법들을 적용하면 누구나
한 사람의 낙오자도 없이 참가자 모두를 성공시킬 수 있다. 교재는
다양한 이미지, 아이콘, 삽화 등을 활용해 누구나 내용을 쉽게 파악
할 수 있게 한다. 지휘자는 중요한 아이디어를 강조할 때, 플립 차
트는 핵심 사항을 나타낼 때, 연필과 노트는 배우는 사람이 내용을

여러 조건을 충족시키는 기념품

되새겨보고 기록하라는 의미다. 같은 이미지를 반복해서 일관성을 유지해서 몰입을 더하게 한다.

모든 것은 그 자체로 뭔가를 나타내고, 그것은 또 이유가 있으며, 경험 후에 알게 하여 자연스럽게 노력을 칭찬하고, 배운 것을 축하하는 식으로 전개한다. 분위기를 위해 건전하고 힘을 주는 필수 요소를 다 살린다. 때로는 의도, 교감, 즐거움, 경이로움, 위험을 감수해야 더 크게 이루어진다.

최적의 학습 환경을 통합 연출할 때 목적, 원칙, 신념, 합의, 정책, 절차 그리고 규칙이 어떤 역할을 하는지 알고 활용한다. 학습 공동체를 성장시키고, 동반자 관계를 형성하고, 가능한 것에 대한 강한 비전을 제시한다.

나무와 향기 그리고 좌석 배치와 같은 세부 사항뿐만 아니라 음악, 주변장치 그리고 소품사용을 통해 교수법을 향상시킨다. 참가자들을 별개 집단으로 구분하지 말고 우리를 만들어야 된다. 학습이 일어나는 순간 그것을 자신의 말로 표현하게 하는 것은 배움을 확실히 더 강화한다.

빠른 학습을 위해 배움 유형에 맞춰 학생들의 능력을 향상시키는 구체적인 방법을 구상하고 적용해야 된다. 배우는 사람이 도달하여야 할 이상적인 수준을 정하고 거기에 도달하는 계단을 만들어 하나씩 오르게 한다.

학습자에게 의미 있는 것이 무엇인가에 초점을 맞춰야 된다. 배우는 사람들의 성취도를 높이고 싶고, 그들의 마음을 움직이고 싶으며, 그들이 집중하기를 바라면, 그들이 서로 존중하고 도와주

이런 것을 선호하는 사람은 어떤 유형일까?

는 환경을 만들어 야 된다.

배우는 사람이나 돕는 사람 모두가 즐겁게 되는 전략을 적용해야 된다. 요즘 같은 때는 교육현장에서 학습자들을 몰입시키기는 과거 어느 때보다 어렵다. 그러므로 오히려 축제의 장을 만들어 배우고 싶어 안달하게 해야 된다. 새 것을 배운다는 것은 일종의 축제여야 된다.

신념은 반드시 행동과 태도에 영향을 미친다. 긍정적이고 확실한 신념을 가질 때 그것은 주위에 전염된다. 얼마나 많은 연구를 하고 경험을 했든, 참가자들에게 전해지는 능력은 바로 소유한 신념에 정비례한다.

가끔은 그저 00척하는 것이 우리의 잠재의식에 있는 마음을 속여 우리가 실제 갖고 있는 것 이상의 능력을 갖고 있다고 믿게 하고, 더 많은 성취를 이루게 한다. 자신 있게 행동하고, 무엇이든 거기서 지금 전개되는 것은 모두 아는 것처럼 행동한다. 반드시 여러

좋은 모델은 항상 유익

가지가 바뀌고 학습자들 까지 자기능력을 믿게 한다.

성적이 낮고 학습 장애를 겪는 학생들은 그들의 낮은 자존감이 문제의 뿌리다. 대체로, 그들의 학습경험은 그들에게 자신감을 잃게 하고 학습 열의를 약화시킨다. 그들에게는 좋은 모델을 익혀주면 된다. 훌륭한 학생들이 하는 행동은 맨 앞줄에 앉아, 열성적으로 손을 들고, 배움을 돕는 분에게 질문하며, 고개를 끄덕이며 반응하고, 상체를 앞으로 내밀어 관심을 더하며, 지도자의 말을 단어 하나도 놓치지 않으려 한다는 것을 머리에 심어준다. 효과적인 학습 디자인과 조화를 이룬 의사소통 능력은 배우는이들에게 활력적인 학습경험을 제공한다. 배움을 돕는 사람의 특징을 평가해보자. 각 특징을 3점 척도로 평가한다.(1=낮다 2=보통   3=높다).

(   ) 열정적인 : 인생의 열정을 보여준다.

(   ) 영향력 있는 : 사람들을 움직이게 한다.

(   ) 긍정적인 : 매순간 기회를 포착한다.

(   ) 친화적인 : 다양한 학습자들과 쉽게 교감을 형성한다.

(   ) 유머러스한 : 실수를 재미있게 대처하는 낙천적이다.

(   ) 유연한 : 결과에 도달하기 위해 하나 이상의 길을 찾는다.

(   ) 수용적인 : 핵심 가치를 찾기 위해 표면적인 행동 이면도 본다.

(   ) 명료한 : 분명하고, 명료하며 정직하게 대화한다.

(　) 진심에서 우러난 : 긍정적인 의도와 동기를 가진다.

(　) 자발적인 : 흐름을 따라갈 수 있으면서 결과를 유지한다.

(　) 관심환기 : 제시 내용을 참가자의 경험과 연결해 관심을 높인다.

(　) 배움 능력신뢰 : 그들을 믿고 그들의 성공을 위해 매사 최적화한다.

(　) 기대를 높게 유지 : 관계의 질과 배움 달성 수준을 확정 유지한다.

　　합계가 35점 이상이면 아주 우수하고, 28점 이상이면 우수한 수준이나 22점미만은 분발의 여지가 많다. 정보 지각 양식과 배우는 사람들의 유형에 따라 배움을 통합한다. 배우는 사람의 몸, 마음, 정신적 자질을 정하고 학문적 기술 안에서 삶의 기술을 가르친다.

　　배움 집단 내에서 상호작용을 최우선으로 해야 좋다. 배우는 사람들 간 또 배우는 사람과 그들을 돕는 사람 간의 상호작용의 질에 주의하고, 배움 내용과 함께 배우는 사람의 수준도 감안해야 된다.

　　배우는 사람들이 타고난 에너지를 끌어내어, 자신과 다른 사람을 위해 에너지를 활용하는 상호작용을 만들어야 된다. 타고난 재능과 능력을 자신과 다른 사람들에게 유익하게 활용할 기회를 설계하고 제공한다.

　　음악과 여러 주변요소와 적절한 자료의 제시와 능동적인 참여를 의식적으로 적용하여 집중을 방해하는 장벽을 제거해야 된다. 한 마디로 학습장벽을 제거하여 학습과정을 자연스럽고 쉬운 상태로 한다. 그래서 그들의 세계에서 우리의 세계로, 우리의 세계에서 그들의 세계가 되게 하면 성공이다. 그러면 모두가 참여하는 축제가 된다.

음악이 배움을 얼마나 촉진하나?

음악이 배움을 촉진하는 근거가 뭐야?

　　음악이 사람의 신체와 심리에 영향을 미친다는 것은 분명하다. 삶의 모든 영역에 음악은 필수 요소이므로 배움의 장에도 반드시 활용해야 된다. 초고속학습의 첩경은 이완이다. 사람은 신체적으로 이완되었을 때 훨씬 더 빨리 배운다. 신체적 리듬과 심장박동과 뇌파는 음악의 박자와 동기화되는 경향이 있다. 실제로 이완촉진 음악은 명상에 버금가는 심리적 변화를 조장하여 혈압을 강하시키고 심장박동을 분당 5회까지 떨어트리며 뇌파를 정신적 기민상태로 향상시킨다. 이 방법은 일반적인 이해력보다 훨씬 더 빨리 기억하도록 소리와 리듬을 사용한다.

　　초고속학습에 쓰이는 음악에는 분당 60박자라는 특정한 리듬이 있다. 이런 면에서 여기에 쓰이는 음악은 사람의 심장박동과 유사한 느린 저음 리듬이 있는 바로크 음악이 이상적이다. 학습자가 바로크 음악을 들을 때는 신체도 듣고 그 리듬을 따라가는 경향이 있다.

　　이 때 신체는 이완되고 정신은 예민해지는 것이 가장 단순한 이완 형태다. 음악은 어려운 지적 작업의 긴장을 덜어준다.(Ron Cartey, Inspirational Training) 음악을 잘 사용하면 학습자들이 다음의 학습을 위해 정신적으로 준비하게 할 수도 있다. 사람의 마음은 연상과 마찬가지로 주로 일상생활에서 우리에게 익숙한 매체에 의해 형성되며, 이미 조직화된 이미지들의 집합체이고, 우리가 지적 작업을 잘 할 준비를 위해 이미 가진 이미지와 연상을 사용할 수 있다.(Ron Cartey) 한 마디로 하면 기존 커넥톰으로 새 커넥톰을 형성하고 전개될 것을 예상한다는 말이다.

누가 음악사용을 도왔나?

음악을 체계적으로 학습에 활용하기 시작한 것은 로자노프와 가드너다. 로자노프는 "유년기 후 잊은 학습역량을 활성화시키고, 즐겁게 할 음악"과, "학습자의 뇌파를 알파파로 떨어트리려고 바로크 음악을 배경으로" 사용했다. 그래서 시간을 단축시키면서도 학습을 현저히 향상시켰다.(Lenn Millbower, Using Music As a Training Tool)

다중지능을 주장한, 하버드 대학의 가드너도 음악활용에 두 개의 아이디어를 응용했다. "첫째는 음악적 지능을 가진 사람처럼 그 사람의 핵심지능은 반드시 학습에 개입되어야 한다는 것이고, 둘째는 사람들은 복합적 방법으로 배워야 한다는 것"이다. 음악을 포함한 이런 접근이 학습경험을 보다 광범하고 풍요롭게 하며 완성도를 더 높인다고 했다.(Lenn Millbower)

음악 전문가 아니라도 쓸 수 있나?

학습에 음악을 활용한다고 해서 반드시 음악의 전문가가 될 필요는 없다. 최소한의 기본사항과 유형 등을 바로 알고 적용할 수 있으면 된다. 음악을

음악 만드는 새

음악은 항상 유익해

구성하는 주요한 기본사항은 다음과 같다.

음악은 소리의 조직 : 음악을 만드는 것은 소리가 아니라 음악이 되는 소리와 소리를 연결한 소리조직이다. 음악은 무슨 소리를 어떤 순서로 얼마나 지속시키는 가로 결정되는데 두 가지의 배열 방법이 바로 선율(Melody)과 율동(Rhythm)이다. 율동은 음의 장단이나 강약이 반복될 때의 규칙적인 음의 흐름이다. 리듬은 일종의 자연현상이다. 리듬은 우주와 자연계의 핵심이고 행성과 계절의 질서이며 사람도 리듬의 지배를 받는다.(Colin Rose, Accelerated Learning) 학습촉진용 음악 선택도 음악의 율동에 따라 걷거나 몸을 흔들어보고 자연스러운 것으로 하면 된다.

선율이란 총체적 아름다움으로 조직된 단일 소리의 율동적 연속이다. 사람들은 대체로 20~20,000헬쯔(hertz) 사이에서 진동하는 소리를 듣는다. 바이올린의 진동과 같은 고주파(3,000~6,000

hertz) 소리는 사람의 뇌에 공명하여 인지 기능에 영향을 미친다. 클라리넷 소리와 같은 중 주파(750~3,000 hertz) 소리는 일반적으로 심장과 폐와 감정에 자극을 준다. 750 헬쯔 이하의 저 주파 음은 신체 전체의 움직임에 영향을 미친다. 이렇게 보면 여러 악기를 사용하여 음악을 연주하

항아리 속 울림의 맑은 저주파 좋아

는 소리는 그 주파수에 따라 사람의 전신에 영향을 미친다.

즉 음악적 율동(진동)이 사람의 머리와 가슴을 중심으로 한 심장과 폐 및 다른 몸통과 사지에 자극을 주어 사람이 반응을 하지 않을 수 없게 한다. 그러므로 음악이 학습에 미치는 영향은 직접적이고 대단히 크다.

즉 저주파의 단조로운 소리는 사람을 느슨하게 하여 몸과 마음이 늘어지거나 졸리게도 하고, 낮은 음이면서 빠른 리듬은 사람이 집중하거나 조용한 정지 상태를 유지하기 어렵게 한다. 빠른 장조(Major) 음악은 머리를 서늘하게 하고 더 산뜻한 기분을 갖게 하여 학습을 촉진한다. 좀 느린 단조(Minor) 음악은 뇌를 따뜻하게 하여 더 예민하게 한다. 음악의 이런 속성 때문에 단조 음악은 학습과 일반적 뇌 활동에 중요한 자원이 된다.

음악의 스타일 : 학습 환경에 효과적인 음악사용을 위해서는 서로

Mozart음악 좋아   맑은 새 소리 같은 기악이 더 좋아

다른 음악 스타일을 바로 알아야 한다. 그래야 경우나 상황에 적합한 것을 골라서 쓸 수 있고 또 목표효과를 얻기 위해 사용할 음악을 적절히 설계할 수 있다. 우리 음악도 사용할 수 있는 것이 많이 있겠지만 체계적으로 연구된 사례가 없어서 서양고전음악과 팝 음악 둘로 나누어 다룬다.

서양고전음악은 실내 앙상블, 오케스트라, 그리고 전자악기까지 포함하도록 발전한 육성노래와 찬송과 기도로 출발했다. 가장 두드러지게 구분되는 범주를 나누되 학습에 사용할 수 있는 것만 다루면 다음과 같다.

르네상스(1450-1600)음악은 성악에는 별로 바람직한 것이 없다. 기악은 생각하는 시간에 사용하기에 효과적이다.

바로크(1600-1750)음악이 학습용 음악으로는 최선이다. 대체로 분당 박자 수가 76-80이라 사람의 심장박동과 비슷하고 이완되었을 때의 뇌파 길이와 맞먹는다. 그런 음악은 뇌에 논리와 감정으로 흥미를 끌어 감동적이면서 지성적이 되게 한다. 바흐 음악은 특

학습자들의 취향에 따르되 도움 되는 것으로

히 화성적이고 율동적이며 상상력이 풍부하다. 그의 음악은 좌뇌에 대해 기술적으로 완벽하고 우뇌에 대해 감정적으로 끌어들여 뇌 전체를 개입시킨다.

고전파(1750-1820)음악은 모차르트의 작품처럼 그 때까지 작곡된 것 중에는 가장 인기 있는 음악들이다. Mozart의 음악은 복합적이고 통찰력이 있으며 감정적이고 정밀하게 구성되어 선율에서 뛰어나다. 그의 음악은 감정이 우뇌를 움직이는 반면 구조는 좌뇌에 호소한다. Mozart음악 다수가 분당 60-75박자의 비율로 박동하여 뇌를 이완된 알파 상태로 끌어넣는다. 이래서 보다 느린 Mozart 작품이 숙고용 반주로 적절하다.

베토벤을 포함한 초기 낭만파(1820-1860) 작곡자들의 음악은 느낌과 볼륨에서 깜짝 변화로 자기 성찰적이고 감성적이다. 그래서 학습에 사용하기가 까다롭다. 특히 배경 상황에서 그렇다.

인상파(1880-1918)음악은 환상적인 꿈같은 정경을 통하여 감정을 사로잡는다. 특별히 드뷔시 작품은 발랄하게 연주하여 둥둥 떠다니는 선율로 하늘로 오르듯 하는데 이는 시각화하고 창조적 브레인스토밍에 아주 적합하다.

팝 음악은 학습자들의 구미에 따라 학습 환경에 좋은 첨가제가 된다. 일반적으로 음악이 학습내용과 같은 맥일수록 모든 학습자들이 더욱 더 쉽게 학습 자료를 알고 학습내용에서 개인적 관련성을 쉽게 찾아낸다.

학습에 가장 효과적인 팝송은 적합한 음악으로 인정되면 현재 것이 아니라도 된다. 오래된 노래가 오히려 친숙해서 이점이 더 많다. 팝 음악을 대략 다음과 같이 구분할 수 있다.(Lenn Millbower) 그리고 중요한 것은 언제 어떻게 쓰이든지 반드시 학습목표달성에 도움이 되고 학습자에게 강한 의미가 주어져야 한다.

극장식 사운드 트랙(1927-현재)에는 수많은 뮤지컬과 영화가 있다. 이들 녹음기록은 특정 상황에 대해 엄청난 자료들이다. 뮤지컬의 주제가 학습주제와 연관이 있으면, 그 음악은 토의를 위한 은유나 윤곽을 그리는 도구가 된다. 또한 다수의 사운드 트랙에는 특정 영화의 분위기를 포착하거나 살려내기

익숙하고 즐거운 록 음악은 유용해

위해 기록된 기계적 음악이라는 특징이 있다. 이런 작품은 그 분위기를 재창조할 수 있어서 효과적인 학습 자료로 활용할 수 있다.

랩(1985-현재)은 학습자들의 감정을 조용하게 놓아두지 않는 분노유형의 음악이다. 랩은 열띤 논의를 하거나 에너지를 원할 때만 사용하여야 한다. 랩은 학습장에서 운율놀이를 하고, 음악복습(Concert review)을 하고, 학습자들이 본격적인 토의에 들어갈 때 도움이 된다.

록(1920-현재)은 에너지 수준을 끌어올리는 감정적 음악이다. 록은 주로 성악이고 학습주제와 맞는 토의에 깊이를 더하는 가사가 특징이다. 그러나 성악이라 깊이 생각하거나 토의 중에는 사용하지 말아야 한다.

경음악(1880-현재)은 오후 시간에 토의나 숙고 기간에 도움이 된다. 경음악의 부드러운 에너지는 주의를 끌지 않으면서 학습장의 움직임 속도를 유지시킨다.

브루스(1880-현재)는 가사를 노래하는 것으로 배경음악으로는 좋지 않지만 휴식시간에는 적합하다.

뉴 에이지(1981-현재)음악은 최소의 율동으로 되어 사람들을 이완시키는데 도움 된다. 많은 작품들이 브레인스토밍에 아주 적합한 꿈같은 곡들이다.

모차르트 음악은 다 좋아

뇌구조가 왜 음악을 좋아하나?

사람의 뇌가 없으면 음악도 없다. 사람만 소리를 조직할 수 있고 그 소리를 자유자재로 만들어낼 수도 있다. 이런 조직을 가능하게 하려면 뇌가 사용하는 과정은 인류가 갖는 여러 기적 중 하나이며 그러기 위해 상이한 여러 뇌 구조의 협력이 선행되어야 된다.(Lenn Millbower)

뇌의 정탐꾼 : 뇌가 아무리 탁월해도 처음엔 다 외부로부터 정보를 받아들여 그것을 가공하거나 이동시키며 저장해두고 나중에 활용하곤 한다. 그래서 뇌가 활동을 하려면 다른 도우미를 필요로 한다. 그것이 바로 뇌에다 정보를 수집해 주는 첩보원들이다. 뇌의 정탐꾼들은 뇌를 위한 감각적 정보를 수집한다. 귀는 몸에 부딪치는 음파의 크기와 음의 높이와 음색과 들려오는 방향과 음의 밀도 등을 확인한다. 신경 말단은 진동을 척주에 전달하고 척주는 진동을 뇌

고운 색과 음을 선호해

간에 전달한다.

뇌간 청각신경 : 뇌간 청각신경은 근육에서 진동을 수집하여 방향과 위협 수준을 결정하면서 소리를 확인하고 조직화 한다.

변연계 : 변연계는 대응하는 감정을 불러일으키며 뇌간에서 나타나 음악에서 감정을 감지하는 여러 개의 작은 구조로 구성되어 협력이 이루어진다. 시상(視床), 망양체, 편도체, 해마상융기 등이 동원된다.

신 피질 : 신 피질은 두 개의 반구로 되는데 거기에 보내진 정보를 흡수하고 그것을 음악으로 통합하여 조직화한다. 뇌량(Corpus callosum)은 정보의 세부사항과 상황을 동시에 종합적으로 이해하면서 두 개의 반구 간에 통신 연결을 제공한다. 좌뇌는 단어를 이해하고 의미를 검토하여 사실과 세부사항에 초점을 맞춰, 음악적으로 순서와 연속성을 이해하고, 노래의 리듬과 가사에 초점을 맞추면서 정보를 논리적, 연속적, 분석적으로 처리한다. 우뇌는 정보를 통합적으로 처리하여 은유를 이해하고 이야기와 시각에 집중하고 관계와 상황이 지속적으로 진화하는 것을 이해한다.

학습이 효과적으로 이루어지려면 반드시 양 뇌가 동시에 개입해야 가장 좋다. 특히 음악은 우뇌 영역이 담당하고 감정도 우뇌 영역이므로 음악을 활용한 학습은 전통적인 좌뇌 중심의 학습보다 훨씬 더 효과적이다.

요약하면 뇌 안에서 다른 부분이 음악을 서로 다르게 듣는다.

뇌는 모양과 소리와 의미까지 다 생각해

이렇게 두뇌는 청각신경에서 소리를 구분하고, 변연계에서 그 소리의 감정을 느끼며, 이 소리를 구 피질에서 음악으로 전환한다. 이러한 뇌 협동이 음악을 만든다. 그러므로 뇌 구조는 정보가 음악으로 들어 올 때 아주 잘 처리하도록 되어있다.

뇌파와 음악

일반적으로 뇌파의 사이클이 높으면 높을수록 뇌는 더 민감해진다. 일상 활동 중에는 뇌가 아주 활력적인 베타와, 생각하는 알파 상태 사이를 움직인다. 적절하게 배치된 음악은 뇌를 민감 중심에서 사고하는 명상으로, 다시 베타파를 끌어내는 등 다양한 뇌파를 생성시켜서 학습에 큰 도움을 준다.

음악사용의 구체적 효과는 뭔가?

비언어적 음악

긍정적인 환경조성, 부정적 조건 죄소화, 은유 생성, 배경 분위기 조성, 반복과제 촉진, 기억 향상 촉진, 복습효과향상, 게임과 활동을 형태화, 에너지수준 변화, 창조성 강화, 마무리 제시 등 극히 유익하게 기여한다.

음악에도 조예 깊어

언어적 음악

가사가 있는 친숙한 노래의 단어는 의미와 깊이를 더해서 사람을 몰입시키고, 기억을 돕고, 노랫말로 학습 필요 점을 충족시키기도 한다. 사람들이 노래하며 학습장을 떠나게 해서 큰 아쉬움을 갖게도 한다.

음악사용에 유의할 것은?

좋은 것의 이면에는 안 좋은 것도 있다. 음악이 학습효과를 높이려면 여러 면에서 최적화되도록 정교하게 사용하여야 한다. 주요한 유의사항은 다음과 같다.(Lenn Millbower, Show Biz Training)

• 음악은 참으로 신중하게 사용하여 학습효과를 상승해야 한다.
• 반드시 전체적 관점으로 통합되어야 자연스러워야 한다.
• 음악은 상황에 적합해야 된다.
• 음악은 학습자들의 문화적 규범과 합치되어야 한다.
• 노래 가사의 의미가 상황에 딱 맞아야 한다.

배움을 촉진하는 감각은?

배움 방법을 연구하던 여러 전문가와 기관이 협력해서 개발한 가속학습이란 것이 있다. 자동차의 가속 페달을 밟으면 차가 더 빨리 가는 것처럼 배움을 더 빠르고 기억도 강화하는 방법이다. 그런 것을 그전에는 확실한 증거 없이 경험과 일반 이론을 근거로 했지만 이제 첨단 과학으로 증명되는 것이 많다. 그래서 적용할만하다.

모든 감각 모든 뇌를 다 개입시키자는 것은 사람이 동원하고 사용할 수 있는 모든 자원을 투입해서 배움을 더 재미있고 빠르게 또 풍성하게 하자는 것이다. 막연하던 것이 미립자 수준에서는 아주 분명하게 밝혀지니까 사람의 변화를 더 확실히 그릴 수 있다.

양자물리학이 보증하는 가속학습의 실제는 지금까지 부분적으로 실천했던 여러 방법이나 기법을 다 연결하여 배움 촉진에 활용하라는 것이다. 뉴턴 물리학을 근거로 했던 여러 학문의 주장에서 가설이나 신비 또는 의혹을 갖던 여러 사항들이 이제 다 객관적으로 증명되었다. 우리가 보이는 현상을 근거로는 이해되지 않던 것들이, 보이지 않는 양자나 미립자 수준에서 생각하면 다 이해되고 그 과정이 철저히 객관적이다.

사람의 마음과 5감에 초점을 맞추어 모든 감각과 모든 유형의 뇌를 다 동원하고 몰입시키자는 가속학습도, 상상이나 추정이 아니다. 이미 많은 실증 자료도 있지만 철저히 과학적임이 입증되었으므로 과감히 도입하는 것이 득이다. 남이 성공해도 내가 해보지 않았기 때문에 어떤 면에서는 모험에 해당하는 것도 있을 수 있으므로 대단한 결단이 있어야 된다. 이럴 때 아인슈타인의 말에 힘을 얻을 수 있다.

　　그는 세상에는 단 두 부류의 사람들만 있다고 했다. 일생을 그
럭저럭 사는 사람들과, 일생 기적을 경험하면서 사는 사람들이다.
세상은 바라보는 대로 된다는 학자들의 주장(김상운, 왓칭)을 보면 모
험을 감행하면서라도 아인슈타인의 말대로 가능성을 믿고 실천하
여 기적을 경험하는 것이 더 가치 있다. 그런 면에서 가속학습으로
기적 같은 성과를 권한다.

　　더 효과적이고 능률적이며 더 재미있는 배움 방법이 있다면
얼마나 좋을까? 더 정확하게 더 빨리 습득하거나 기억하고 더 빨리
숙달되면 얼마나 좋을까? 그래서 배움 시간과 비용을 절
반으로 줄일 수 있다면 얼마나 신나는 일일까? 이외에도
정보를 신속하게 흡수하는 능력과 논리적이고 창조적으
로 생각하는 능력이, 우리가 가져야 할 가장 소중한 기
능인 세상에 우리가 살기 때문에 가속학습이 개발되었
다. 뿐만 아니라 재미가 하나의 키 워드가 된 21세기이
므로 우린 이를 피할 수 없다. 심지어 "Learnertainm
ent(learner+entertainment)"까지 진화하고 있다. 그래
서 배움에 대해 혁신적이고 성공적인 접근을 고
안했고 그것을 다양한 상황과 학습프로그램
에 적용했다.

　　가속학습 방법은 부모들이 취학 전 아
이들을 개발하도록 돕고, 학생들이 더 나은
결과를 얻게 하며, 교사와 훈련전문가들이　기적 경험이 유리해

학습자들에게 다중지능 기법을 활용하도록 동기를 더 유발시키고 있다. 가속학습방법은 또한 외국어를 이전보다 훨씬 더 쉽고 더 빨리 배우게 한다.

방법이 어떤데?

과거 십 수 년 간 사람의 뇌 활동에 관한 연구가 인류역사 전 과정에 이룬 것보다 더 많은 것을 밝혀냈다. 모든 사람에게는 자신에게 가장 적합한 배움 방법 즉 선호하는 학습유형이 있다. 우리가 자신이 선호하는 배움 방법에 딱 맞는 기법을 알고 사용하면 훨씬 더 자연스럽게 배운다. 자연스럽기 때문에 더 쉽고, 더 쉽기 때문에 더 빠르다. 그래서 가속이라고 한다.

또 완벽하게 연구된 기억법을 통합하여 가속학습은 배움을 "즐겁고 성공적이며 만족"하게 한다. 기존 교육방법의 주류는 대체로 좌뇌 지향 학습이다. 가속학습은 배움에 양 뇌와 전 감각을 다 개입시키는 전뇌와 다감각적 배움 방법이다. 큰 사자가 작은 토끼 한 마리를 잡을 때도 전력질주 하는 것과 같다.

사람은 적극적이고 긍정적이며 정서적으로 도와주는 환경과 분위기일 때 더 빨리 더 많이 배운다. 이 방법과 환경은 배움에 장애가 되는 것을 제거해준다. 음악과 게임과 다양한 연상 등이 이완된 학습 분위기를 만들어 긍정적이고 일관성 있는 상태가 되게 한다. 이 방법의 목적은 단 시간에 효과적으로 배우도록 도와주는 것이다.(Mary Jane Gill)

그래서 교실정논에서 지노자의 태노에 이르끼까시 모든 것을

사람은 환경의 동물, 여기에 담배꽁초 못 던져

학습 환경으로 본다. 그러기 위해서는 다음 사항이 충족되어야 한다.

〈긍정적이고 수용적이다. 자연스럽고 안락하며 다양한 색상의 물적 환경이다. 배우는 사람들을 깔보지 않고 세워준다. 학습자들을 도와 두려움이나 긴장 기타 학습장애를 없애거나 감소시킨다. 배우는 사람과 도와주는 사람(지도자) 양쪽을 다 지원한다. 배움에 다 차원적 접근을 한다. 상이한 배움 유형과 속도와 필요를 충족하도록 조정한다. 진지하고 지나치게 부담되지 않고 재미있게 배움을 전개한다. 집단 중심 학습이 되게 한다. 말은 물론 그림으로 자료를 제시한다.〉

이 방법을 개발한 사람들은?

콜린 로즈가 많은 부분을 개발하여 학생과 교사 및 언어학습자들에게 그 방법을 적용하는 선구자가 되었다. 그러나 이 방법이 한 사람만의 작품은 아니다. 십여 개 이상의 대학과 연구전문 심리학자들과 전문교육자들이 새롭고 독특한 방법을 만드는데 계속 기여하고 있다.

예를 들면 이 기법은 하버드 대학 가드너의 다중지능, UCLA의 아써 코스타와 다른 여러 사람들의 학습유형, 노벨상 수상자 로저 스페리와 로버트 온스타인의 뇌 연구 결과 등을 통합했다. 콜린 로즈가 한 것은 100명도 넘는 핵심적 연구가들의 작품을 종합하여 모든 사람이 도달할 수 있는 단순한 배움 모형을 창출한 것이다.(accelerated learning web)

이 방법의 원리는?

이 방법의 원리는 배우는 사람에 대한 긍정적 말하기와 긍정적 기대와 긍정적 피드백을 통한 연상사용이다. 긍정적 연상은 긍정적 행동을 조성하고 지지하는 말하기의 전단계이다. 이 방법을 적용하는 지도자는 학습과 성과를 향해, 학습자에게 늘 긍정적 기대를 하면서, 과정 내내 학습자들과 적극적으로 상호작용을 하는

5감을 다 개입시킨 환경

것을 기본으로 한다.

로자노프의 주장은 사람은 일상적으로 자주 사용하고 있는 것보다 훨씬 더 거대한 역량을 가졌다고 하는데, 이게 바로 마음의 무한한 능력이다. 많은 사람들이 우리가 일상적으로 두뇌 역량의 10% 정도만 활용한다고 하지만 어쩌면 1%도 제대로 못 쓰는 경우도 있을 수 있다.

로자노프는 이미 60년대 초의 연구에서 명상과 이완과 율동과 이미지와 음악과 호흡운동을 결합하여 환자의 치료를 현저히 높였다고 했다. 최근 이런 것들은 양자의학이나 대체의학에서 다 증명하였다.

그 부수적 효과로 환자의 스트레스가 감소되었을 때, 기억이 증가된 것도 알아냈다. 그는 또 이 연상적 기억을 초 기억(Super-memory) 또는 기억증진이라고 했다. 암시교수법은 탁월한 학습역량을 개발하기 위해, 신체와 정신을 최고의 능률상태가 되도록 자극하여, 쉽게 배우도록 돕는데 응용하는 것이다. 암시교수법은 학습장애를 감소시키고 학습을 향상시키는 긍정적 분위기를 조성하며 거대한 정신적 잠재력 깨우기에 사용되고 있다.

로자노프는 암시교수법을 외국어 학습에 응용했는데, 그의 지도로 언어 강사들이 다음과 같은 기법을 사용했다.

리듬이 있게 말하되 다음 사항을 포함시킨다

〈생소한 내용을 제시할 때 말의 속도를 느리게 한다. 리듬에 따라 말의 유형을 동시화 한다. 단문으로 말한다.〉

명상하고 기도하며 공부하는 곳

"억양을 실제처럼 한다. 배경음악을 사용한다. 호흡과 이완 운동을 한다. 이미지를 사용한다. 동기유발 운동을 한다. 단언하게 한다."

로자노프는 이 방법을 사용하여 외국어 어휘력이 5배가 향상되었고 집중 강화훈련을 하지 않고도 1년 후에 50%나 기억하고 있음을 알았다.

주요원리 1 : 여러 지능을 활용

사람의 지능은 고정된 하나의 IQ가 아니라 최소한 7-8개에 걸친 상이한 유형의 지능을 가지고 있다. 우리는 각각 이들 지능 중에서 일부를 다른 것보다 더 개발하고 활용하기를 좋아하는 경향이 있다. 그런 차이가 바로 우리의 개인적 학습유형이나 재능의 차이이기도 하다. 또 우리가 배울 때 우리의 감각 중 하나나 그 이상을 더 좋아하는 경향도 있다. 어떤 사람들은 눈으로 보다 더 잘 받아들이고, 귀로 듣고 더 잘 배우며, 신체적 접촉이나 움직임 등으로 각각 더 쉽고 편리하게 잘 배우는 경향이 있다. 그것이 선호하는 경향이 되어 더 잘 배우는 유형이 된다.

그림처럼 사람의 지능을 "언어, 논리수학, 공간지각, 음악, 신체운동, 인간친화, 자기이해, 자연탐구" 8개로 나눈다. 사람은 주위에 반응하거나 정보를 받아들일 때 더 민감한 분야가 있다. 음악인은 당연히 음악지능이 높을 것이고, 변호사는 언어와 논리적 지능이 높을 것이다.

그러므로 배우는 내용은 물론 어떤 자극이나 어떤 방법 또는 어떤 매체를 쓰는 것이 효과적인가는 순전히 사람에 따라 다르다. 우리가 배울 때 자신이 좋아하는 딱 그 방법일 때 배우는 시간이 훨씬 단축된다. 자기도 모르게 장기기억으로 들어가 저장되기 때문이다. 무의식중에 받아들이는 현상이다. 이런 배움이 가장 이상적이고 바람직하다. 우연히 어디서 어떤 사람과 마주쳤는데 첫눈에 반해 잊지 못해 괴로워하는 경우가 바로 무의식중에 저장되는 현상이다. 배움이 이래야 되는데?

다중지능 종류

표 6. 지능별 효과적 활동

선호지능	적합한 활동
언 어	긍정적 적극적 어휘 표현의 연상
수학 논리	논리적 연결과 연속성 유지
시각 공간	다양한 이미지와 색상의 동영상 등 시각자료 사용
음 악	최소한 세 가지 유형 이상의 음악사용
신체운동	실험, 체험, 게임
인간친화	팀 학습, 상호협력, 상교학습, 집단 활동
자기이해	반추, 명상, 적용연습
자연 친화	자연환경 체험, 자연과 연결학습

그래서 가속 언어학습이나 가정학습 과정은 모두가 자신이 선호하는 방법을 활용할 수 있다는 것을 보장하는 완전히 혼합된 활동을 활용한다. 어떤 과정은 음악과 사진과 이미지와 구어와 문어 및 상호작용활동을 혁신적으로 통합해서 배우는 사람이 공부하는 활동을 즐기게 한다.

배우는 사람들은 자신이 좋아하는 유형에 적합한 기법을 활용하기 때문에, 배우는 사람의 선호 유형별로 적합하게 대응해주는 활동이 좋다. 대체로 다음과 같이 활동을 전개하면 원활하게 된다. 어떤 활동이든 한 가지만 지속하면 당연히 덜 좋아하는 사람이 있으므로 통합이 좋다.

이 방법의 이점은 대체로 다음과 같다.

1. 배움에 장애를 없앤다.

2. 사람들이 가장 자연스럽게 잘 배우는 즐겁고 다양한 모습으로 이완되고 긍정적인 방법을 통합해서 투입한다.

3. 뇌가 작용하는 방법과 완전히 호환된다.

4. 일관되고 일치하는 방법을 사용한다.

5. 물리적 환경을 다룬다.

6. 내적 학습상태를 다룬다.

7. 기능 지식 신념 태도를 다루는 완전학습을 전개하는 기법을 활용한다.

8. 주제영역과 나이와 교수와 상황을 뛰어넘어서 효과적이다.

9. 경험에서 첨단 연구까지 검증된 기법을 통합한다.

10. 능동적인 Presentation과 학습을 활용한다.

11. 협력학습과 시너지 생성을 가능하게 한다.

12. 창조성을 개발하고 활용한다.

13. 무의식상태를 자극한다.

14. 관계와 System사고를 강조한다.

15. 다양한 학습유형에 최적화되도록 조정한다.

16. 배우는 사람에게 위임하고 그들을 존경하며 그들을 도와준다.

17. 한정된 시간을 최대로 활용한다.

주요원리 2 : 뇌 전체와 반 뇌도 활용

로자노프의 성공은 뇌 작용을 추적하여 밝힐 수 있다. 왜 음악이나 기타 감각의 자극이 배운 것의 기억을 증가시키는지 설명하는 여러 이론이 있다. 삼위일체의 뇌 이론도 하나다. 뇌가 정보를 처리하는 계층을 셋으로 나눈다. 뇌간, 변연계, 대뇌 신피질의 연속 작용으로 처리한다.

- 뇌간 : 본능적이고 반복적이다. 뇌의 기본을 담당하고 사람의 생존을 돕는다. 호흡, 심장박동, 순환계, 잠, 배고픔 등 신체가 자동으로 하는 것을 통제한다. 대부분의 감각적 입력을 다루고 고차원 기능에 연결시킨다.

- 변연계 : 경험을 감정으로 전환한다. 신체적 상태를 통제하고 감정의 안정성 조절과 감각적 입력을 장기 기억으로 이전시킨다. 학습이 잘 되려면 반드시 변연계가 개입되어야 하고 의도적 노력을 해야 기억된다.

- 대뇌 신 피질 : 생각하는 뇌가 바로 학습센터다. 문제해결, 창조적 기능, 언어 등 고차원의 기능과 본질적인 기능을 한다. 정보가 가공되고 저장되는 곳이다. 판단하고 미래를 계획한다. 생각하고 말하고 그림 그리고 반성하는 등 사람을 유일하고 독특한 존재로 만드는 기능을 한다.

주요원리 3: 좌뇌와 우뇌를 다 개입

널리 알려진 정신작용 모델이 우뇌와 좌뇌 접근인데, 양 뇌는 투입 되는 정보를 다르게 다룬다. 일반적으로 좌뇌는 논리적이고 체계적이며 직선형이고 언어적이며 비판적이나, 우뇌는 창조적이고 감각적이며 전체적이고 시각적이며 놀이와 재미지향이다.

양뇌는 정보처리를 다르게 하지만 경쟁적이 아니라 보완적이다. 예를 들어 문제해결에서 좌뇌는 문제를 분석하고 우뇌는 거기에 최적한 대안을 작성해낸다. 의사결정을 위해서 좌뇌는 원래의 문제와 대안을 비교하지만 우뇌는 전체 상황에서 대안을 평가한다.

많은 양의 학습이 진부한 실습과 고통으로 연결되는 좌뇌 지향적이지만 우뇌는 적은 노력으로 대량의 정보와 지식을 흡수할 수 있다. 가속학습의 주요 과제 중 하나는 학습을 통합하여 좌뇌와 협

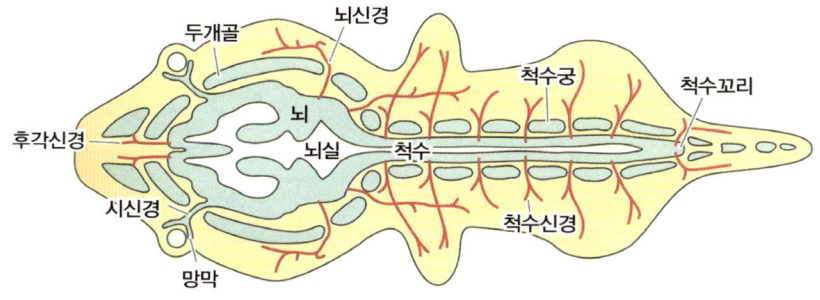

척추동물 신경 시스템(박문호)

력해 우뇌를 적절히 개
입시키는 것이다.

**주요원리 4: 뇌를 넷으
로 나눠 다 개입시킴**

    네드 헤르만이 구
분한 4영역의 뇌를 보
면 또 다른 배움 촉진의
답이 보인다.

표 7. 뇌 유형별 차이

좌뇌 전문영역	우뇌 전문영역
시간지향 일의 연속적 과정 언어기능 논리적 수학적 분석 인과관계 인식	감정 통찰 시각적 공간적 음악 예술 이미지 패턴 인식 정보의 종합 일의 동시처리 다양한 사고 영원

    4영역이 각각 정보처리 방식이 다르기 때문에 거기에 맞는 방
법을 구사하는 것이 좋다. 그림과 설명을 보면서 특성을 확인하고
대응책을 찾아 적용할 준비를 해야 된다.

• A 대뇌 피질 : 이 영역에 속한 사람들은 논리적이고 분석적이며 수학적이
  고 기술적이며 양적이다. 대체로 단어와 숫자로 생각한다. 사실을 계량화
  하고 분석하고 논리를 활용하며 사례를 형성하고 이론화로 배운다.

• B 변연계 : 통제적이고 보수적이며 조직적이고 행정적이며 연속적이고

A : 사실
• 논리적
• 분석적
• 사실중심
• 양적인

D : 미래
• 전체적인
• 직관적인
• 통합적인
• 종합하는

B : 형태
• 연속적
• 조직적
• 세부적
• 계획적

전 뇌 모델
(헤르만)

C : 느낌
• 사람간
• 느낌중심
• 운동접촉
• 감정적

평면 구분

절차를 좋아한다. 규정과 규율 속에서 생각하고 정보를 조직화하고 구조화하며 내용을 연결하고 기능을 연습으로 평가하고 과정의 내용을 실행하면서 배운다.

• C 대뇌 피질 : 여기에 속한 사람들은 시각적이고 창조적이며 종합적이고 예술적이며 개념적이고 전체적이다. 대체로 위험을 부담하는 기업가들이다. 주로 이미지로 생각한다. 주도하고 숨겨진 가능성을 탐험하며 자신의 육감과 통찰을 믿고 스스로 발견하며 개념을 형성하고 내용을 종합하면서 배운다.

• D 변연계 : 여기에 속한 사람들은 사람에 우호적이고 감정 정서적이며 음악적이고 영적이다. 감정과 느낌으로 생각한다. 아이디어를 듣고 공유하면서 배우고, 경험을 스스로 통합하고 감정적 개입을 느끼며 내용과 조화시키면서 배운다.

효과적이려면 학습 프로그램은 개개인이 참여하여 정보를 가공하는 다양한 방법으로 다루어야 된다.

어떤 방법과 기법이 좋은가?

양 뇌를 다 개입시켜 시너지가 발생하게 한다

　　우뇌는 예술과 모양과 음악에 반응하므로 정보를 통합적으로 처리하고 전체를 사진 찍듯 그림으로 신속하게 받아들이며 더 감각적이며 무의식적이고 민감하다. 우뇌를 완전히 개입시키면 두뇌의 파워를 배가하는 것이 아니라 여러 배로 증가시킨다. 반대로 좌뇌는 기초부터 한 단계씩 다루어가는 경향이 있다. 그런데 기존의 배움 방법은 대부분 좌뇌 지향적이다.

이완은 학습에너지를 풀어 해방시킨다

　　이완되어야 스트레스 없는 학습 환경이 되고, 이상적인 수용 조건을 형성한다. 이완되면 뇌파가 알파파로 전환되기 쉬워 훨씬 더 잘 받아들인다. 휴식하고 차 한 잔 하며 한 숨 자거나 산보를 하면 쉽게 이완된다.

새 정보는 반드시 연습해야 사라지지 않는다

　　기억과정에서 새로운 정보가 완전한 기억이 가능한 장기 기억에 저장되려면 반드시 연습해야 단기 기억에서 장기기억으로 이전되고, 또 회상을 위한 연습을 자주 해야 쉽게 회상이 된다. 회상이 안 되는 것은 완전한 기억이 아니므로 장기기억에 저장된 것이라도 반드시 불러내는 연습 즉 사용을 자주 해야 된다. 혀끝에 뱅뱅 도는 것은 회상연습 부족이다.

양 뇌가 개입되어 부활한 1000년의 백자

연상은 회상의 대로와 같다

새로운 정보를 기억에 등록하는 것은 강한 각인에 달려있고 강한 각인은 상당 수준 강한 연상에 달려 있다. 강한 각인은 소리 냄새 맛 감정 모양 등의 구체적인 이미지 형성으로 이루어진다. 회상은 학습의 본질이고 회상은 인식과는 달리 달성하기가 쉽지 않다. 회상이 안 되면 학습이 덜 된 상태다. 장기기억에 저장은 되었지만 읽어내지 못하는 상태다. 시험 준비는 회상연습을 하는 것이어야 된다.

그림은 회상을 쉽게 한다

그림이나 사진으로 된 단어는 배우고 기억하기가 훨씬 더 쉽다. 그림으로 보면 이중으로 각인되기 때문에 기억이 더 된다. 이 때 회상은 아이디어를 모양으로 연결한 연상에 의해 좌우되므로 기억이 잘 된다.

시각적 기억은 본질적으로 완벽하다

기억과 학습을 촉진하려면 시각화를 많이 해서, 새로운 사실을

최초와 최근 많이 만드는 휴식 전략

강한 시각적 이미지로 기억하면 된다. 상호작용적인 시각 이미지가 가장 강력하다. 이 사실은 기억법에서 증명된 것이다. 즉 정보수용의 80% 이상이 시각으로 이루어지기 때문이다. 백문 불여일견이다.

시간적 연결 고리를 만들라

근본적으로 학습에 시간을 투입하면 할수록 학습은 더 좋아진다. 그러나 시간 배분 방법이 크게 영향을 미친다. 분산된 연습이 최적의 전략이다. 이상적인 학습패턴은 다음과 같다.

〈단기 기억 한계 내에서 즉각적 연습, 4,5분 후에 테스트, 첫 한 시간 후 복습, 잠이 기억을 강화하기 때문에 하루 잔 후 짧은 복습, 1주일 후 짧은 복습, 한 달 후 짧은 복습〉

이런 스케줄은 기억을 88% 즉 예상 망각곡선의 4배까지 향상시킨다.

휴식하고 시험보고 복습하라

최초와 최근의 법칙을 활용한다. 즉 학습을 시작하여 최초 5

분간과 종료 전 5분간의 내용이 가장 많이 기억된다. 그래서 50분 학습에 10분 휴식보다는 25분 수업에 5분 쉬는 것이 더 효과적이다. 그것이 바로 최초와 최근을 많이 만들기 때문이다.

구체적인 것부터 먼저 제시하라

구체적인 것들이 훨씬 더 배우기 쉽다. 언어에서는 서술적 명사와 동사가 훨씬 더 잘 기억이 된다. "지혜, 진리, 증오, 의미" 등은 시각화될 수 있는 "시계, 고양이, 전화기, 꽃다발, 읽다, 때리다" 보다 훨씬 더 배우거나 기억하기 어렵다.

단어를 범주화 하라

단어보다는 문장, 문장보다는 이야기, 이야기보다는 시각화, 시각화보다는 감정을 개입시키는 것이 더 빨리 익히고 오래 기억된다.

최적의 파이프 오르간

음악을 세 유형으로 사용하라

뇌 활동 촉진용, 휴식용, 명상용이다. 특히 바로크 음악은 새로운 사실의 이상적인 동반자다. 즉 반드시 함께 하는 것이 좋다. 뇌 활동 촉진용 음악은 에너지가 넘치게 하여 토의나 사고를 더 잘 하게 한다. 휴식용 음악은 즐거움을 주어 좌뇌의 피로를 덜어주고 다음 학습에 더 집중할 수 있게 한다. 명상음악은 수용과 연상을 더 강화하므로 복습음악이나 대안 찾기에 유용하다. 음악을 학습에 활용하기 위해 고려해야 할 주요 핵심 사항은 다음과 같다.

- 목적, 용도 : 변화와 집중 촉진
- 뇌 유형 : 좌뇌보다 우뇌 자극
- 뇌파 : Alpha or Theta 파
- 빠르기 : Baroque(분당 76~80 박자, 심장박동과 비슷하고 이완되었을 때의 뇌파 길이와 맞먹음)
- 선율 : 아름답고 감정적이며 정밀한 구성으로 탁월해야!
- 가사 : 언어와 문화 규범과 일치되는 것으로
- 주파 : 악기와 음향기기가 최적화되어 변화를 촉진할 수 있어야. 3,000 헤르츠 이상 고주파는 뇌를 자극하고, 그 이하 1,000정도의 중 주파는 가슴 배를 자극하며, 700헤르츠 이하의 저주파는 전신을 자극한다.
- 악기 : 바이올린 고주파 소리는 뇌에 공명하여 인지 기능에 영향. 클라리넷 중 주파소리는 심장과 폐와 감정에 자극, 저 주파 음은 신체 전체의 움직임에 영향을 준다.

21세기에는 배우는 방법 배우기가 첩경

1. **배울 사람 준비 시키기** : 적당한 밝기로 학습 참가자가
배움을 준비하도록 환경과 동기를 조성

언어적 비언어적 긍정표현

2. **감정적 연결하기** : 시각자료를 사용해 그들이 이룰
새로운 배움의 관련성을 발견하도록 참가자들을 초청

모든유형과 지능 동원

3. **다양한 색을 써서 창조적으로 제시하기** :
내용을 제시할 때 능동적인 방법으로 참가자들을 개입시킴

**이완과
집중 위한
음악 사용**

4. **학습을 재미있게 활성화** : 참가자들이 내용을 연습하고
자신들의 새로운 배움을 제시할 활동을 포함시킴

배움에 학습자 능동적 개입

5. **통합을 권유** : 참가자들이 효과적인 방법으로 배운
내용을 통합하고 전환하도록 활동을 개발

효과적 배움 전개과정

• 음향기기 : 저음과 중저음이 충분해야 안정감과 박진감과 진동이 더 하
다. 음악은 작업장의 능률을 높이고 결근을 줄이며, 기민함을 향상시키고
반응시간을 단축한다. 음악은 기분을 좌우한다. 침묵하게 하고 이완시키
며 흥분시키고 동기를 유발시키고 적합한 감정을 제안한다. 영화가 이를
가장 잘 활용한다. 음악적 청각 신호가 부족해서 썰렁하고 냉랭한 학습
분위기를 만들고 지도자의 효과를 감소시키며 최적 학습을 약화한다.

음악을 잘 활용하기 위한 세 가지 과제는 "음악효과와 이유를
찾고, 지도자가 알아야 할 음악 이론적 원리를 탐구하며, 성공적 훈

련을 위한 활용을 발견하고 체험"해야 된다.

학습경험 촉진해보기

종합적으로 21세기의 큰 관심사 하나가 배우는 방법을 배우는 것이다. 즉 삶에서 우리가 알아야 할 것이 급증하기 때문에 가능한 한 단 시간에 필요한 것들을 다 활용할 수 있는 수준으로 배워야 된다.

그래서 학습과 문제해결 기능을 더 빨리 정복하라는 권유가 고맙게 들린다. 여기서 제안하는 내용은 한 발 앞선 배움 기능 정복이므로 새롭고 상호작용적이며 일종의 종합예술이다. 모든 사람에게 다음과 같은 것을 쉽게 하려고 고안된 프로그램이다.

〈기능과 지식을 빨리 습득한다. 문제에 대해 더욱 사려 깊고 창조적인 대안을 만든다. 정보의 양이 항상 증가하게 된다. Idea를 분명하고 충격을 강하게 주면서 전달한다. 훨씬 더 효과적으로 훈련시킨다. 신속하게 적용한다.〉

이들 기본 기능은 조직과 개인에게 지속적인 경쟁우위가 되는 것들이다. 이들을 모두 압축하여 한 눈에 볼 수 있는 것이 위의 그림이다.

일단 배움의 장에 들어온 사람들이 빨리 배우도록 도우려면? 다음과 같은 차례로 전개하는 것이 좋다.

학습 환경과 시설에서 착안할 것

〈음악을 적절히 사용하나? 시각자료는 적합한가? 자료와 환경의 색상이 적합한가? 예술성이나 아름다움이 있나? 조명은 적합한가? 좌석의 배열과 안락함은 최적인가? 장식이 배움을 촉진하는가? 분위기와 온도가 따뜻한가? 안전은 충분한가? 재미도 있는가?〉

신체적 움직임이 배움으로 통하는 문이다.

학습은 조직과 개인의 행동을 수정하기 위해 지식과 기능과 태도와 가치를 습득하는 과정이다. 여기 제시한 방법은 두려움과 장벽과 부정적 가정을 제거하여 더 빨리 더 쉽게 더 효과적으로 흡수하고 기억률을 높이는 방법이다. 사람들은 남녀노소 없이 대체로 배움이 감정이나 기분에 맞고, 동기 유발되어 배움의 과정에 참여하며 배움의 내용이 경험과도 일치할 때 더 잘 배운다.

긍정적 감정은 강력하다.

우리의 정신용량을 늘려서 배움을 향상시킨다. 가속학습으로 모든 사람이 배울 자원으로 충만하고 긍정적 감정을 갖도록 자극을 받는다. 동기유발은 사람의 모든 행위 이면에서 추진력이 된다. 행동을 촉발하는 내적 상태는 방향을 정해주고 감정은 동기유발에 가깝게 연결한다.

암시는 직접이든 간접이든, 언어적이든 비언어적이든, 참가자가 학습역량을 증가시키도록 자극을 준다. 사람은 모두 암시에 잘 걸리는 피조물이다. -데일 카네기-

현장의 소리는 뭔가?

우리 현장의 소리

지금도 이미 부분적으로는 가르치지 않고 잘 배우도록 돕고 있는 선생님도 있고, 그 패러다임을 즐기는 학생들도 있다. 이들은 한결같이 배우는 사람 즉 참여자를 주역으로 그들이 몰입해서 완전히 변화되게 돕고 있다.

"학생을 수업의 적극적 주인공으로 만드는 지휘자가 놓지 않은 건 학생이 참여하는 수업이야말로 수업혁신의 해법이라는 확고한 신념이었다. 수업을 거듭하면서 전에 없었던 감동을 맛보았다. 다양한 교수법들의 통합적 운용과 참여수업을 할수록 아이들의 성적은 올라갔다."

위의 내용은 권순현 선생님 등 다수가 그래도 학생들의 배움을 더 적극적으로 도와주려고, 그들의 배움 활동과정에 그들을 주

고객이 주인이듯 학습자가 주인

인공으로 참여시킨 극히 바람직한 예다. 그리고 실제로 효과도 증명된 사례다. 이분들의 노고를 진심으로 치하한다. 모든 선생님들이 이 분들 만큼만 해도 참 좋겠다.

그런데 여기서 크게 관점을 전환시켜야 할 것이 있다. 우선 수업이란 말은 선생님 중심이고 학습자 중심도 학습자가 주역도 아니다. 교수법도 역시 학습자가 중심은 아니다. 그러니 참여 학습도 동일하다. 우리는 그냥 선배들이 만들어둔 말을 그대로 쓰고 그대로 행동한다.

그러나 수업은 가르침의 행위이고, 교수법도 가르침의 방법이며, 참여 학습도 학습자가 주인이 아니다. 그래서 크게 전환해야 된다는 것이다.

그럼 어떻게 달라져야 되는가? 수업은 배움으로 바꿔야 하고, 교수법도 학습촉진이나 배움 촉진법으로 바꿔야 되며, 참여 학습은

이렇게 해봐야 위기에 대응이 가능하다

직접 배움 또는 스스로 배움으로 바꿔야 된다.

이미 보았듯이 학습자가 받아들이지 않는 한 도저히 아무 것도 가르칠 수 없고 그들을 변화시킬 수도 없다. 사람은 그가 거부하는 한 절대 가르칠 수 없다. 받아들이는 척 하니까 우리가 착각할 따름이다. 그렇다면 처음부터 잘 배우도록 도와주어야 된다. 위의 예도 말은 기존의 말을 썼을 뿐 실상은 학습자를 주역으로 전개한 것이 맞다.

그들은 수많은 대안 교수법들을 다루고 현장에서 적용하면서 각 교수법들이 각각 분리된 방법이 아니라, 서로 유기적으로 상호보완하는 습성을 갖고 있다는 걸 깨달았다. 그래서 그 모든 교수법들을 통합적으로 활용하는 걸 참여 식 교수법, 또는 참여수업이라고 부르기로 했다.

그 모든 교수법들이 "교실을 춤추게 하는 감동의 수업여행—마음을 움직이는 참여수업"이었는데, 어려움도 많았지만 보람찼던 여정이었다. 여기서 권순현 선생님은 감정과 수업의 관계, 수업 오프닝의 중요성, 토론수업, 프로젝트 수업, 다양한 놀이 법을 적용한 수업 활성화 등 참여수업의 다양한 이론과 방법들을 풍부한 사례와 함께 다뤘다.

그리고 참여수업이 일회성의 보여주기 수업이 아니라 꾸준하게 지속하면 할수록 아이들의 학업성취도를 높일 수 있는 매우 실용성 있는 수업이라는 걸 증명했다.

학생을 주인공으로 하는 수업, 즉 참여수업의 개념과 방법을 소개했는데, 그 방법을 더 구체적으로 적용하는 하위의 방법이 바

임진왜란 때 민간인이 앞장 선 행주 산 주위

로, 참여수업을 보다 풍부하게 만들어 주는 기법인 "스토리텔링 수업"이었다.

기존의 딱딱하고 지시형인 수업 방식에서 벗어나 학생이 수업에 대한 동기를 스스로 유발시키고 적극적으로 수업에 참여하게끔 돕는, 스토리텔링 수업에 대해선 이미 교육 현장에서도 다수의 결과물들이 나와 있다.

또 스토리텔링 수업은 지식 전달과 함께 아이들의 인성에도 영향을 크게 미치는, 다양한 교육 효과를 이루는 방법이다. 그래서 교육부에서도 미래 수업의 방법으로 스토리텔링 수업에 깊은 관심을 기울이고 스토리텔링 수업으로 푸는 교육법을 제시하기도 했다.

그러나 권순현 선생님은 기존의 스토리텔링 수업들이 여러 가지 한계에 부딪치는 모습을 보았다. 무엇보다도 스토리텔링 수업은 잘못하면 그저 고루한 이야기를 반복하는 방식이 돼서 학생들이 재

미는커녕 지루함을 느끼게 될
수도 있다는 게 선생님의 진
단이었다.

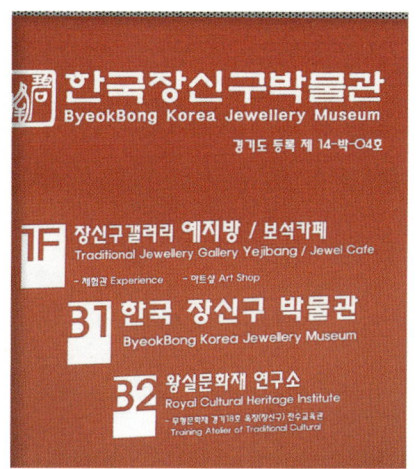

모든 자극 다

    말로만 하는 스토리텔링
이 아닌 "이미지+액션+노래
+게임+토론이 결합된" 스토
리텔링이야 말로, 수업은 말
하고 움직이고 노래하고 즐기
는 수업으로서의 복합적 스토
리텔링 수업을 추구한다.

    또한 권순현 선생님이 말하는 스토리텔링 수업은 참여수업에
서 제시한, 학생들이 적극 참여하여 주인공이 되는 수업 방법을 보
다 구체화하여, 참여자가 경험을 통해서 학습량을 현저히 높이기도
하지만 완전한 기억을 가능하게 한다.

    학습내용의 수용과 잔존 율을 보면, 학습자가 직접 말하고 행
동한 것은 72시간 후에도 무려 90%가 남기 때문에 가장 추천할만
한 방법이다. 학습내용을 학습자가 직접 드라마로 공연하게 하는
것도, 내용을 자기 것으로 숙성시킨 후 그것을 남에게 드러내기 위
한 감정개입까지 시켜, 행동으로 나타내기 때문에 기억에서 중요한
인출연습까지 하므로 이보다 더 좋은 방법은 없다고 할 수 있다.

    또 다른 예로 임진혁 외 2인이 번역한, "당신의 수업을 뒤집어
라"도 새로운 유형이다. 21세기의 교육은 단순한 지식의 암기나 정
보의 습득이 아닌 종합적 사고를 통해 정보를 융합하고 응용하는

동물이 주인 사람은 구경꾼. 학습자가 주인 되어야!

창의적 인재양성을 목표로 한다는 서문의 표현은 참으로 적절한 관점이다.

　　배움을 학습자 중심으로 전개한다. 학생들 스스로가 테크놀로지를 활용하여 기본지식을 익히고 수업시간에 다양한 창의적 사고 활동을 하며 교사의 도움을 받는다. 교사는 시간의 100%를 학생들과 상호작용에 사용한다.

　　이런 학습 모델들이 젊은 교사들 중심으로 여기저기서 일어나는 것은 참으로 다행한 현상이다. 이제 우리가 결단하고 힘을 합해 어느 한 날을 기점으로 지금의 교육 패러다임을 교육이나 가르침이 아니라 "배움과 가치실현"으로, "창조하는 새사람 되기"로 바꾸고, 가정과 학교와 모든 사회조직이 다 그런 틀을 적용하는 쪽으로 전환해야 된다.

이스라엘 현장

이제 세계에서 노벨상 수상자를 가장 많이 배출한 이스라엘 민족이, 지금 그들의 다음 세대를 키우고 있는 책임자가 하는 말을 들어보고 우리도 급히 새로운 패러다임을 적용하자. 이스라엘의 Global Excellence의 책임자 인 Hezki Arieli이 그 기관 운영과 미래의 국가적 경쟁력 확보 전략을 다음과 같이 표현한다. 미래는 "혁신과 창조와 탁월"의 시대다. 탁월하도록 혁신하고 창조해야 되므로 교육은 호기심을 갖게 하고 도전하게 하며, 위험을 감수하고라도 미래와 지금의 거리를 좁혀가야 된다고 역설한다.

그는 "세상이 다 변하는데 왜 학교는 안 변하나?"라고 질문을 던지면서

어째서 선생님들은 아직도 150년 전에 선생님들이 했던 대로 가르치고 있느냐고 아주 강한 불만을 쏟아낸다.

- 구글 세대 이후에도 선생님이 필요한가? 새 시대 선생님의 직무기술서는 어때야 되나?
- 학교는 학생들이 졸업하기 전에 다섯 번 넘게 변할 세상에 대해 준비시킬 수 있나?
- 학교는 학생들에게 아직 발명되지 않은 직업이나 전문분야를 위한 기능을 제공할 수 있는가?
- 여러분은 창조적이고 혁신적으로 생각하는 사람이 되는 방법을 실제로 가르칠 수 있는가? 변화가 가능한가?

불행하게도 우리는 지금 오늘, 내일의 아이들에게, 어제의 세

계에 대해 가르치고 있다. 그렇다면 미래의 교육은 어떠해야 하나?

- 미래의 교육은 실제 세상과 동떨어진 4개의 벽으로 둘러싸인 교실에서 이루어지지 않는다.
- 학교가 밖으로 나가 현실 세계로 옮기거나 아니면 현실 세상이 학교 안으로 들어올 때 교육이 이루어 질 것이다.
- 미래교육은 정보와 자료보다 기능과 습관과 도구에 초점을 둬야 된다.
- 교실교육은 스포츠 교육과 비슷할 것이고 선생님들은 코치가 된다.

그럼 갈등과 난관이 뭔가? 사례학습으로 진행해야 된다. 문제를 설정하고 다양한 대안을 만들어내며, 최선의 안과 여러 개의 대안을 상정하고 결과를 예측하고 평가하기를 국가적 차원에서 출발하고 전개해야 된다. 유대와 이스라엘 식의 교육방법을 다시 검토해보면 다음과 같다.

- 어린이를 가운데 두고, "모든 어린이가 다 다르다. 어린이는 행복해야

운동처럼 삶의 장에서 배워

된다. 긍정적이고 적극적인 교육방법을 쓴다. 어린이가 답을 주기보다 질문을 하도록 가르친다. 아이가 자신의 아이디어를 만들어내도록 안내한다. 아이들에게 상교학습(working together for shared teaching) 방법을 가르친다."

• 이런 형식 진행의 비밀은 코치가 되는 것이다. 같은 전문직이지만 다른 결과를 얻는다. 코칭하는 선생님들은, "학생들이 연기자나 주역이 되게 개입시킨다. 상호작용한다. 팀웍을 생성시킨다. 흥미진진하고 재미있다. 도전한다. 자신의 성과를 이룬다. 현장의 실제 삶을 겪는다. 행동한다."

이 과정을 다시 정리하면 먼저 놀이처럼 시작해서 연습하고, 실제처럼 수행해보며 다음 단계는 새로운 것을 창조해낸다. 궁극적 목적은 주어진 주제나 내용에 대한 새로운 창조이지 배움이나 앎이 아니다.

그래서 여기에 참여하는 학생은 실제로 경기에 임하는 선수가 된다. 연습생이 아니다. 모두가 상호작용한다. 그러니 팀웍을 향상시킬 수밖에 없다. 아주 흥미진진하고 재미있다. 극히 도전적이다. 스스로 자신의 성과를 이룬다. 현장이고 실제 삶의 장이 되고 가상이나 연습이 아니다. 모든 경우가 완전히 실천학습(Action learning)이다.

바람직한 기대결과는 항상 기대성과와 현재와의 차이를 매우는 다리를 만드는 것이다. 순전히 아무 것도 없는 데서 만들어내기도 하고 필요한 도움을 찾아서 만들기도 한다. 그것이 곧 탁월함으로 가는 길이다.

탁월함이란 잠재력을 완성하려는 의지 이고 그 의지를 완성하려는 기꺼움이다. 동기유발, 인내, 예민함, 호기심, 창조성, 개방성, 낙천주의, 숙달, 중용, 정직 등이 순환적으로 포함된다. 호기심을 갖기 위해, 다음과 같이 지향한다. "학습을 위해서 배운다. 의문은 발견에 이르는 문이다. 학생들이 질문하고 조사하도록 격려하라. 결코 답을 주지 말고 도구를 주는 것이 더 좋다. 호기심은 창조의 연료다. 호기심은 최고의 뇌 활동이다. 호기심의 힘은 바로 오늘날의 모바일 등 IT기기 이다."

질문의 힘은, 뇌 엔진에 시동을 건다. 스스로를 몰입시키고, 경기의 관람자가 아니라 주역이 되게 한다. 질문은 도전과 재미를 주고 마음과 마음의 상호작용을 일으켜 집단 지혜를 만들어낸다. 또 호기심을 자극하여 창조의 문으로 들어가게 한다. 질문이 없으면 대화도 상호작용도 행동도 없다. 하루에 훌륭한 질문 하나면 10개의 명답을 얻기도 한다.

비가 억수로 내리는 현장에서 비 피하기를 배워야

궁극적 동기유발 질문은 "무엇을 생각하지?"이다. 호기심이 창조에 도달하게 한다. 그렇다면 창조란 무엇인가? 상상력을 활용하는 기본 생각은 가치 있고 실질적인 결과에 도달하게 한다. 슈바이처는 상상이 지식보다 훨씬 더 중요하다고 했다.

창조성은 자유로워야 하고, 실수를 두려워하지 않아야 하며, 마음을 자유롭게 날게 하고, 자신의 생각을 공동작업 하는 식으로 다른 사람에게 나누며, 변화시키려는 자신의 능력을 믿어야 활성화된다.

한계와 테두리를 벗어나 생각해야 된다. 창조성도 전념성이 강하므로 퍼뜨려야 된다. 그리고 반드시 다음 말을 기억하자. "우리에게 최악의 위험은 목표가 너무 높아서 그것을 놓치는 것이 아니라, 목표가 너무 낮아서 거기에 도달하는 것이다."(Michael Angelo) 지식은 21세기의 가장 중요하고 강력한 통화다.(Drew Faust)

한편 이스라엘의 창조교육을 선도하는 타임 투 노우(Time To Know, 이하 T2K) 재단의 아미 오카비 고문은 미래에 대해 재미있는 예측을 했다.

〈사물인터넷이 실제로 절도를 없애버린다. 세계적 대부호 1조 장자는 뜨고 있는 암호화폐운동에서 나올 것이다. 운전사 없는 자동차는 자동차발명이상의 극적인 운송변화를 가져온다. 2030년까지는 보통 사람들도 프린터로 찍어낸 옷을 가지고, 프린트된 집에서 살며, 드론이 배달한 소포를 받고, 한 대 이상의 로봇을 소유하며 자유직업을 가질 것이다. 기사 없는 차를 자주 이용하고 3배 이

이런 자유에서 창조가 나와

상의 교육을 받고 2010년 대 보통사람들보다 100배는 더 성취한다. 우리는 예측하지 못했던 기회 속으로 들어간다.

그런데 이 시기가 중요한 이유는 대체로 다음과 같다. 오는 20년간에 인간성이 인류역사 전체보다 더 변한다. 위험요인이 현격히 증가한다. 아직 태어나지도 않은 지금 우리 아이들의 아이들이 우리의 영향을 받는 다는 것이다. 지금 순간이 바로 우리가 영향을 미칠 미래의 일부임을 알아야 된다. 이런 현상을 에디슨은 "기회란 항상 통하는 것처럼 옷을 입고 있으므로 대부분의 사람들이 놓치고 있다!"고 지적했다.〉

그는 이스라엘 교육과 창조기업에 대해 설명하면서, "이스라엘 건국의 아버지이자 초대 총리인 다비드 벤구리온은 교육에 투자하라. 그것이 우리의 미래라고 역설했습니다. 이 지침이 오늘날의 이스라엘을 만들었다고 봅니다."라고 했다.

창조성은 어릴 때부터 길러줘야 한다면서, 이스라엘 최대 법

가상 아닌 실제 체험 장이 필요

률회사인 메이타르의 사무엘 메이타르 대표가 7년 전 사비를 털어 설립한 T2K는 일종의 공익재단이자 디지털 교육 솔루션을 만드는 사회적 기업이다. 그는 "이스라엘인이 노벨상을 가장 많이 받는 이유는 어려서부터 가정과 학교에서 창조성을 길러주기 때문이라고 했다. 오카비 고문은 이스라엘 초등학교는 교실 문을 열면 혼란스러울 정도로 시끄럽다고 했다.

학생들이 교사에게 어떤 질문도 거리낌 없이 하고, 학생들끼리도 질문과 대답을 주고받느라 정신이 없다는 것이다. 그는 학생들은 교사 눈치를 보지 않고 자유롭게 지내며 개방적 사고가 길러진다고 했다. 이스라엘 젊은이들의 창업 정신이 강하고 도전적인 벤처기업이 많이 생겨나는 것도 이 같은 배경에서 비롯됐다는 것이다. 그는 20대 젊은이들이 창업한 벤처기업의 투자설명회에 가보면 처음부터 글로벌 시장전략을 강조한다면서, 내수로 기반을 다진 뒤 해외로 나간다는 일반 기업 전략과 다르게 시도한 것이 글로벌 성

그때도 이런 시설이 필요할까?

공 사례를 만들어낸다고 했다.

이스라엘에서는 체크포인트, 라드웨어 등 IT분야의 유력 기업이 탄생했다. 구글 공동 창업자인 세르게이 브린과 페이스북 창업자 마크 저커버그도 유대인이다. 오카비 고문은 학생들이 학교를 지겨워하지 않고 재미있어 하도록 만들어야 한다며, 교사의 임무는 학생에게 답을 주는 게 아니라 스스로 찾게 도와주는 것이라고 했다. T2K는 교사가 학생 개개인을 수준에 맞게 맞춤형으로 돌볼 수 있는 학급 운영 시스템과 학생들이 흥미를 가질 만한 디지털 교과서를 개발 · 보급하고 있다.

로봇다리 수영선수 세진이의 소리

우리는 여태 장애를 가진 사람으로 잘 알려진 헬렌켈러나 지금도 살아 있는 닉 부이지치나 스티븐 호킹 같은 사람을 대단하다고 여겼다. 우리는 그들을 우러러 보기도 하지만 때로는 천박하게 가련한 생각도 한다. 그러나 바로 우리 이웃에서 또 한 사람의 기적 같은 인물을 볼 수 있어 정말로 자랑스럽기도 하지만, 그 사람의 가치를 모두 공유하고 누렸으면 정말 좋겠다. 그게 그를 이 땅에 보낸 목적이기 때문이다.

로봇다리 수영선수 세진은 세 손가락과 두 다리가 없다. 더 정확하게는 오른 쪽 세 손가락과, 오른 쪽 다리는 무릎부터, 왼쪽 다리는 무릎 아래부터 없다. 그래서 태어나자마자 장애인이라고 버림받았다. 없는 손가락과 두 다리 그리고 친부모가 없는 대신, 세상에서 그를 가장 사랑하는 엄마와 누나를 얻었다.

그런 세진은 가족의 사랑으로 중학교 검정고시를 4개월, 고등학교 검정고시를 3개월 만에 끝냈다. 그리고 만 15세에 성균관 대학교 체육교육과에 최연소 입학에다, 4년 전액 성적우수 장학금을 받았다.

그는 지금까지도 그랬지만 앞으로 계속 기적과 같은 일을 무수히 만들 것으로 보인다. 한국은 물론 세계적으로 훌륭한 인물로 알려졌다. 수많은 고난을 극복하고 자신의 가치를 최대화하도록 우뚝 선 것도 대단하지만, 이미 다른 사람을 위로하거나 돕는 것을 장애가 없는 사람보다 더 많이 하고 있다. 우주가 그런 목적으로 그를 보냈기 때문이다.

어쨌든 그는 로봇다리를 하고 세상에 홀로 우뚝 섰고, 수영은 물론 그 다리

다 남보다 더 가져

로 로키산맥을 올랐으며, 마라톤을 완주했다. 우리 몸을 이루고 있는 여러 가지 중에서 딱 세 개만 없는 세진이다. 하지만 사람들은 세진이에게 없는 것들만 이야기한다. 물론 더 구체적으로 지적하면 없는 것이 세 개가 아니라 30개도 300개도 넘을 수 있다.

그러나 세진이에게는 늘 새로운 꿈과 희망이 생긴다. 가장 1순위는 박태환 선수보다 더 훌륭한 수영선수가 되어 올림픽에서 수영 금메달을 따는 것이다. 사람이 밝게 산다는 것, 쉽고도 어려운 이야기다. 도파민이나 멜라토닌이나 세로토닌이 아무에게나 아무 때나 막 쏟아져 나오는 것도 아닌데, 장애까지 가진 세진이가 밝게 산다는 것은 보통사람으로는 그냥 기적이다. 아무 것도 못하고 그냥 싱글싱글 웃고만 있어도 기적이다.

솔직히 다리도 온전치 못한데다, 오른손 손가락도 세 개나 모자라지, 어릴 적부터 로봇다리, 괴물이라 놀림 받으며 학교에선 왕따를 당하고, 수영장에서도 쫓겨나고, 슬픈 일이 한두 가지가 아닌데도 세진이는 언제나 밝고 명랑하다. 누가 그것을 가르쳤을까? 가르친다고 그렇게 될까?

무엇보다 자신의 몸 한계를 넘어 수영을 하면서도 힘든 내색을

힘 든다는 것은 생각일 뿐

하지 않는 세진이는 아주 특별한 아이다. 정말 하늘이 특별히 돌보는 아이 같다. 세진은 선천성 무형성장애아로 태어나 생후 5개월 만에 버림을 받았다. 봉사활동을 하다가 세진을 처음 만난 엄마는 보자마자 이 아이가 내 아들이라는 것을 마음으로 느꼈고, 두 살 때 세진을 한 가족으로 맞았다.

이런 경우를 어떻게 설명해야 될까? 이런 아이를 세상에 보낸 우주가 그를 낳은 부모보다는 훨씬 더 자신 있고 떳떳하게 희생적으로 돌봐줄 천사를 보냈다. 우주는 의미 없이 가치 없이 사람을 보내지 않는다. 그리고 아무런 의미 없이 세상을 살다 가게 하지 않는다. 반드시 사회와 세상에 필요해서 보낸다. 장애가 없는 사람을 배우게 하려고 보냈다.

평생 휠체어를 타야하고, 먹는 것은 물론 대소변도 거들어줘야 하며, 모든 것에 도움을 받아야 되는 절망 덩어리다. 그러나 친엄마가 아닌 입양엄마는 백방으로 뛰어다니며 세진이가 걸을 수 있는 방법을 찾았다. 뼈를 깎는 힘든 수술을 네 번이나 받은 후, 세진은 드디어 로봇다리를 얻었다.

그 무생물 로봇다리와 세진이 한 몸으로 움직이기까지는 너무나 큰 상처와 아픔이 있었다. 일어나면 넘어뜨리고, 일어나면 넘어뜨리고, 세진의 말로는 세상에서 가장 나쁜 엄마가, 악착같이 세진을 괴롭혀 수백 번이나 일부러 밀어서 넘어뜨렸다고 한다. 잘 걷기 위해서는 수없이 넘어지는 과정을 거치면서 일어나기를 익혀야 했기 때문이다.

그럼 천사 엄마는 이것을 누구에게 배웠나? 어떤 매뉴얼을 보

물에만 가면 물고기 같다고!

고 터득했나? 그가 정형외과 의사는 당연히 아닌데도 어떻게 그런 처치를 가능하다고 봤을까? 여기에 비밀이 있다. 그를 처음 봤을 때 마치 청춘 남녀가 서로 불꽃이 튀어 "이 사람이 내 짝이야!" 하는 것처럼, "얘가 바로 내 아들이야!"라고 마음에 공명이 일어났던 것이다.

낳은 엄마는 버렸다. 만약에 그런 엄마와 계속 있었으면 세진이는 지금 어떤 천덕꾸러기가 되었을지 모른다. 그러나 우주는 새로운 천사 엄마를 보내 자기도 안 배워 모르고, 세진이도 전혀 안 배우고 모르는 방법을 찾아내어 지금의 세진이가 되게 도왔다. 이게 바로 우주의 섭리다. 오히려 의사는 안 된다고 했다. 그런데 보통 사람인 천사엄마는 된다고 우겼다.

로봇다리를 보는 세상의 편견과 차별을 견뎌내기 위해 병신, 장애자, 등신 등, 부드럽고 고운 말보다는 세상의 나쁜 말들을 먼저 들려줬다. 그러면서 엄마는 자신이 세상에서 가장 지독하고 가장 나쁜 엄마라고 했다. 이 때 엄마의 가슴은 찢어지지 않았을까?

사실 엄마는 넘어지는 고통을 이기고, 병신이란 말을 들으며 슬펐던 세진이보다 더 많이 울었다. 땅을 치며 통곡을 하고 눈물 콧물이 범벅이 되는 법석을 떨어야 우는 게 아니다. 세진엄마 양정숙 씨는 보이는 그런 울음보다 훨씬 더 뼈가 아리는 울음을 얼마나 울었는지 모른다.

엄마의 그 눈물과 아
픈 가슴이 세진을 늘 밝고
희망적으로 살게 했다. 이
것이 자연법칙이다. 당연
히 세진 엄마가 계산하고
그렇게 한 것이 아니다. 세
진 엄마는 그냥 감동과 영
감이 주어지는 대로 가능한
모든 방법을 다 동원해 사

세진처럼 필요한 손을 잡아야 새 세상을 만들어!

랑을 실천한 것뿐이다. 아무도 안 가르쳤다! 배운 적도 없다.

그래도 세진은 이겨낼 수 있었다. 그를 무조건 사랑하는 든든
한 가족 때문이었다. 세진을 위해 학교를 옮기고, 직장을 옮기며,
이사를 가는 것도 6개월 마다 치르는 즐거운 이벤트처럼 보냈다.
누나의 끔찍한 사랑과 정성, 아픈 허리에도 불구하고 세진을 위해
서라면 누구보다 먼저 일어나 달려가는 엄마 덕분에 세진은 로봇다
리로 세상 그 누구보다 잘 걷게 되었고, 춤을 추고, 볼링을 하고, 마
라톤을 하고, 로키산맥에도 올랐다.

그러나 그에게는 그 무엇도 수영과 비교할 순 없었다. 처음엔
척추가 자꾸만 휘어서 그것을 펴기 위해 시작했던 수영이었다. 의
족을 벗어던지고 들어간 물속에서 세진은 처음으로 자유로움을 느
꼈고, 수영을 제대로 배우고 싶어졌다. 그렇다고 마음껏 수영에 몰
두할 수도 없었다.

세진을 마치 무서운 전염병 환자나 괴물처럼 보고 피하는 사

기적을 낳을 무조건 사랑의 공간

람이 많았다. 그러니 수영장이 그것을 허용할 이가 없다. 또 세진이
와 똑 같은 조건을 경험한 선생님도 없다. 그러니 자연히 세진을 받
아주는 수영장과 선생님을 찾아 전국을 돌아다니기도 했다.

그렇게 세상과 싸우고, 자신과 싸우며 연습을 거듭한 결과,
2009년 영국 셰필드 장애인수영 세계선수권대회에서 당당히 금메
달을 목에 걸었다. 세상에는 이런 기적도 있다. 그것도 두 다리가
없는 아이를 통해서 말이다. 만약에 세진이에게 수영요령을 가르친
사람이라면 그도 똑 같은 장애를 가진 사람이라야 제대로 가르칠
수 있다. 그러나 세진은 그냥 도움을 받아 스스로 터득했다. 오히려
물에 들어가면 자유를 더 만끽한다.

이제 세진은 떳떳이 로봇다리를 드러내고, 도망치는 친구들에
게 먼저 다가가 친구가 되어달라고 말을 걸 수 있다. 그리고 또 하
나의 꿈을 꾼다. 박태환 형보다 더 훌륭한 수영선수가 되겠다는 꿈
이다. 그리고 더 해서 국제 올림픽 조직위원이 되겠다고 더 높이 쳐

다본다. 당연히 그 꿈은 그대로 이루어진
다. 그는 세상에 유일한 사람이니까!

　세진이에게는 오히려 지금부터 무수한 꿈
과 기적이 그를 기다리고 있다. 세진이 이루는 모
든 것은 다 세계 최초가 되며, 보통사람은
상상도 할 수 없는 대단한 일들이다. 하늘
이 그를 그런 목적으로 보냈다. 반기문 유
엔사무총장이나 김용 세계은행총재와 같
이 우주에서 유일한 사람으로 세상에 보
내졌다. 세상에 세진이를 가르칠 선생님은

모두가 유일한 사람

아무도 없다. 오로지 사랑을 바탕으로 그를 진심으로 도울 수 있을
뿐이다.

　세진이에게 수영이 왜 좋으냐고 물으면, "전 물에 떠 있을 때가
자유롭거든요. 제가 원하는 대로 몸을 움직일 수 있으니까요. 어디
든 갈 수 있다는 꿈을 꿔요, 물속에서는…"이라고 대답한다. 그는
물에 들어가면 엄마 자궁과 같은 안정과 평화를 다시 갖나보다.

　수영을 시작한 후 세진이에게는 여러 가지 변화가 있었다. 더
이상 자기의 몸이 부끄럽게 생각되지 않았단다. 수영 팬티 하나만
입고 있어도 세진이는 자기의 몸에 당당할 수 있었다. 나도 다른 친
구들보다 잘할 수 있는 게 있다는 자신감을 얻었다. 실제로 같은 조
건이라면 뭣이든 다 남들보다 탁월하게 잘 할 수 있다. 그게 그의
체질이고 기질이다.

　세진이는 물속에 있을 때만큼은 자기가 장애인이라는 사실을

세진이는 이렇게 자유롭다!

잊고 누구보다 멋진 수영선수가 될 수 있다는 자신감이 생긴다. 그러니 그 꿈은 반드시 이루어진다. 그게 그를 세상에 보낸 목적이기 때문이다.

혹시 힘들다는 생각이 마음을 어지럽힐까봐 엄마가 세진이에게 물어본다. "세진아, 힘들면 수영 안 해도 돼. 너 자신이 더 중요해. 꼭 금메달 안 따고 수영 안 해도 행복할 수 있어!" 여기에 세진의 답은 더 분명하다.

"엄마, 난 할래요. 수영이 좋아요. 꿈을 이루고 싶어요!"

세진이도 방황하거나 낙담할 때도 있다. 난 왜 다리 없는 장애인으로 태어났을까? 친구들 말대로 내가 나쁜 아이이기 때문일까? 다리가 자라게 해 달라고 매일 기도했다. 그렇지만 이제 자기 몸을 사랑하고 받아들이기로 했다. 로봇다리지만 그는 어디든 갈 수 있고, 무엇이든 할 수 있다는 것을 이미 체험했으니까. 이런 세진이에게 엄마와 가족의 도움은 절대로 필요했다. 그러나 아무도 그를 가르칠 수는 없었다. 그냥 도울 뿐!

세계 명문대 합격자들의 말

20150420의 조선일보 기사에 아래의 내용이 있었다. 자신만의 특별함으로 해외 명문대에 간 사례였다.

프린스턴대에 합격한 한예린의 경우

그는 SAT(미국 대입 자격시험, 만점 2400) 2400점, GPA(내신) 전 과목 A, 특이사항 AP(대학 과목 선이수제) 13과목 이수, 적정기술 동아리 등 다양한 비교과 활동을 했다. 대원외국어고 출신인 그는 "성적보다 중요한 건 비교과 활동"이라며 "대학 측은 우리가 얼마나 다양하고 깊이 있는 활동을 했는지 보면서 가능성을 가늠하는 것 같다"고 했다.

그의 비교과 내역은 "교내 토론 동아리 캡틴, 모의유엔대회(17개), 라크로스 청소년 국가대표, 성소수자 인권 동아리 등" 손가락으로 다 꼽기도 어렵다. 그는 "2학년 말까지 여러 분야를 접해보고 3학년부턴 그중 하나에 집중하는 것이 좋다"고 강조했다. 또 낙후

남이 안 가는 길을 가야

지역을 위한 지속가능한 기술을 가리키는 적정기술 활동에 파고들었다. 민사고·한영외고·외대부고 친구들까지 모아 설립한 적정기술 단체는 관련 대회를 개최하고 함께 기사를 번역하는 봉사를 하거나 비즈니스 모델에 대해 공부하기도 했다.

스타트업 포럼에도 참가하는 등 영역은 점점 확장됐다. 그는 "흥미 있는 분야에 적극적으로 뛰어들어보라"며 "다양한 사람을 만나면 나무가 가지를 뻗어나가듯 탐구 영역도 넓고 깊어질 것"이라고 조언했다.

옥스퍼드대·뉴욕대 등 합격한 김지훈

청심국제고 출신인 그는 SAT 2340점, 특이사항 AP 9과목 이수, 국내외 토론대회 30여 회 수상, 한국철학올림피아드 대상 등을 얻었다. 그는 대학 합격 요인으로 토론을 강조했다. 그는 지난해 미국에서 열린 세계학교토론대회(USWSDC)에서 단체전 우승을 거두는 등 국내외 토론대회 수상 경력만 30여 회에 달했다.

중 1 때 첫 출전에선 완패했지만 꾸준히 연습하면서 실력이 늘었다. 고 3 때까지 한 달에 1~2번씩 대회에 참가했다. 토론의 힘은 옥스퍼드대 압박 면접에서 진가를 발휘했다. 옥스퍼드대 면접은 시간제한 없이 지원자가 더 이상 말을 잇지 못할 때까지 진행된다.

지원자의 역량을 완벽히 끄집어내는 것이다. 김군은 면접관인 정치학과·철학과·경제학과 교수로부터 각각 질문을 받았다. 정치학과 교수는 자료 분석 문제를, 철학과 교수는 미(美)의 기준은 주관적인가, 객관적인가라는 주제를 던졌다. 김군은 토론의 기본은 자료 분석이라며, 그동안 연습한 덕분에 특히 자료 문제의 함정을 쉽게 찾았다고 했다. 토론대회에 참가하며 발표에 익숙해진 그는 많이 훈련한 덕에 실수를 해도 긴장하지 않고 면접을 무사히 마쳤다고 했다.

목표 분명!

예일대·스탠퍼드대 등에 합격한 김연재

용인 한국외대부설 고 출신인 연재씨는 ACT 33점(36점 만점, SAT로 환산하면 2200점 정도), GPA 전 과목 A, 특이사항 AP 10과목 이수, 국제천문천체물리학 올림피아드 2회 수상 등의 강점을 가졌다.

그는 자신도 주변 사람들도 다 자기가 "예일대에 합격할 거라곤 생각 못했다"고 했다. 그가 그렇게 말한 이유는 그의 성적 때문이다. 그의 강점은 따로 있었다. 그는 중2 땐 서울대 영재원에 다녔고, 고2 땐 한국과학기술한림원 청소년 과학영재사 프로그램을 통해 한림원 교수에게 1대1 멘토링을 받았다. 중3과 고3 땐 국제천문천체물리학 올림피아드 국가대표로 선발돼 은메달과 동메달을 수상했다. 기초과학연구원이 주최하는 아시안 사이언스캠프에도 국가대표로 참가했다. 그는 이 내용을 에세이에 고스란히 녹여냈다.

그는 "자신의 관심 분야와 경험을 개성 있게 풀어내야 한다"며 "어떤 사람은 터무니없다고 생각할 동양의 음양이론과 서양의 블랙홀·화이트홀 이론이 내겐 상상력의 동기가 됐다고 쓴 부분이 기억에 남는다"고 했다.

그는 또 "합격자의 스펙에 대한 소문을 믿지 말라"며 "지나치게 낮은 점수가 아니라면 시험보다 비교과와 자기소개서에 힘을 쏟는 편이 나을 것"이라고 충고했다.

런던정경 · 런던대 등에 합격한 권태욱

경기외고를 나온 권태욱은 "IB디플로마 42점(45점 만점), 특이사항 AP 2과목 이수, 한국 사업대회 은상, 국제 IB 학생회의 참석 등"이 강점이었다. 통가에서 유학 중이던 태욱씨는 2008년 세계 금융 위기가 터지면서 중1때 귀국했다. 그 일로 경제가 우리 삶과 밀접하게 연관돼 있다는 점을 깨닫고 경제 기사와 각종 경제 책을 읽었다.

그는 IB디플로마(국제 공통 고등학교 학위 과정)를 국내 학교 최초로 도입한 경기외고에 진학했다. 그리고 심화 토론을 하면서 논리

긴 꿈 먼제!

력을 키우는 IB과정 수업방식이 마음에 들었다. 실제로 그는 대학 입학에 결정적인 영향을 미친 것이 IB 과정의 졸업시험 격인 소논문(Extended Essay)일 거라고 했다.

소논문은 자기소개서에서 "전공에 대한 관심, 전공 관련학업 성취를 요구하는 영국 대학입시에 적합한 과제라고 보고, 논문에서 세금 등 가격 요소의 변화에 따라 금연 정책의 효과가 어떻게 달라지는지 살펴봤다. 찾은 자료에 따라 연구 방향을 수정해나갈 땐 진짜 경제학자가 된 기분이 들었다."고 했다.

그는 추가 면접 없이 합격한 걸 보면 교내 활동만으로 경제학에 대한 높은 관심을 충분히 증명한 것 같다고 덧붙였다.

이런 경향을 지지하는 견해

한편 위의 사례 학생들의 선택을 잘 한 것으로 보는 전문가의 증언이 있어 다행이다. 윤선주 EF(education first)코리아 지사장과 헤워스 EF국제사립학교 총장의 권유가 바람직한 답을 준다. 점수보다 창의력에 무게를 두고, 학생장점 살리는 맞춤식 교육과 다양한 방과 후 활동도 중요하다고 한다. 주입식 교육의 한국학생들은 사고력 증진이 더 급하다고 강조했다.

대원외고와 서울대를 거쳐 하버드 로스쿨을 나온, 윤 지사장은 미국에서 강의를 듣던 중 자신의 능력을 의심한 적이 있다고 했다. 로스쿨 학생들은 수업에 들어가기 전 다양한 판례를 읽는데, 자신이 아무리 봐도 의문이 없던 판례에 미국 학생들이 질문을 막 쏟아내는 것이었다.

그는 깜짝 놀랐다. 처음엔 자신의 머리가 나쁜 건가라고 걱정

같은 듯 다 다르다

했다가 주원인이 한국의 주입식 교육 탓이란 점을 깨달았다. 유일한 정답을 찾는 시험은 잘 보지만, 다양한 질문을 던지고 답을 찾는 사고력이 부족했다.

한국출신 학생들의 미국대학 중도포기 율이 매우 높은 것으로 조사된 컬럼비아 대 논문도 그와 같은 맥락이다. 제니 헤워스 총장도 윤 지사장의 의견에 동의했다. 그는 "한국 학생들이 다른 나라 학생들에 비해 SAT 점수가 월등히 높다는 것을 잘 알고 있다"면서도, "그 점수가 아이비리그에서 얼마나 의미가 있을지 생각해봐야 한다"고 지적했다.

최근 아이비리그가 SAT나 GPA 점수가 높은 학생들에게 불합격 통지를 하는 사례가 늘었다고 한다. 점수 외 창의력과 도전정신과 같은 다른 요소가 더 중요해졌다는 의미다. 대학 입학사정관은 입학 후 학교에 잘 적응하고 모교를 빛내 줄 학생을 뽑는다.

자, 여기서, 누가 가르치나? 다 스스로 자기에게 맞는 것이나 자신이 하고 싶은 것을 찾거나 정하고, 그것을 어떻게 할 것인가도 정해서, 대학과 교수에게 도와줄 것을 요구하거나 스스로 찾아서 배우는 과정이다. 이렇게 해야 졸업 후에도 저절로 일자리를 찾을 수 있고, 일생 자신의 일을 만들어갈 수 있다.

사람은 초 고 정밀
전 자동 생명체

- 세포가 자동이라 초 고 정밀 전자동
- 몸의 가장 작은 입자부터 자동
- 아픔을 자동으로 고친다
- 살맛을 주는 화학반응도 자동이다
- 장기가 자동
- 아기가 자랄수록 더 잘 배우는 까닭은?

세포가 자동이라 초 고 정밀 전자동

사람은 우주에서 가장 정밀한 전자동 생명체다. 자기 의지가 전혀 없이 생기고 태어나며 자란다. 사람이 전 자동인 것은 성장과정을 보면 알 수 있다. 내 몸은 수정란에서 세포 분열을 통해 최소 60조개가 넘게 된 세포 덩어리다. 이 과정을 송기원의 "생명"에서 인용하면 다음과 같이 요약할 수 있다. 처음에는 하나의 수정란인 $100\mu m$정도의 세포가 $60\sim100$조개나 되는 세포를 만들려면 수많은 세포분열을 거듭한다. 그냥 세포 수가 늘어나서 사람이 되는 게 아니라, 각각 다른 기능을 하도록 분화되어야 된다.

사람의 몸에는 200종이 넘는 다양한 모양의 세포가 각각 다른 기능을 수행한다. 처음 하나에서 2, 4, 8등으로 늘어나는데 이때 세포를 배아줄기세포라고 한다. 배아줄기세포는 세포 하나가 완전한 생명체를 만들 수 있다. 전능 세포라고도 하며 생명체의 모든 기능을 다 할 수 있다.

이 배아는 다시 사람의 생에서 가장 중요한 발달 단계인 외배엽 내배엽 중배엽으로 나누어진다. 외배엽은 피부와 신경계가 되고, 중배엽은 근육과 혈관계가 되며, 내배엽은 갖가지 내장이 된다. 이렇게 발달해서 나눠진 뒤에는 다양한 기능으로 분화할 수 있는 처음의 능력을 잃는다.

그 대신 심장세포나 간세포 또는 청각세포나 손가락 등으로 분화해서 결국은 한 가지 기능만 수행할 수 있는 세포로 변한다. 그런데 이 과정에서 세포끼리 늘 주고받는 대화를 통해 자신이 무엇이 되고 무슨 기능을 해야 하는지, 이웃 세포에게 확인한 후에 거기에서 필요한 자신의 역할을 수행한다. 세포는 항상 자기 맘대로 하지 않는다.

그런데 또 중요한 사실은 세포는 분화하고 분열하면서 살고 발달하는 것은 물론, 때로는 스스로 죽는다는 것이다. 손가락이나 발가락이 생기기 전에는 그냥 감자나 작은 호박같이 둥글게 생긴 손이나 발이다. 거기서 차츰 그 예쁘고 다재다능한 손가락이 생겨 나온다. 이때 손가락과 발가락 사이에는 마치 오리발처럼 붙은 부분이 있는데 이 세포들은 스스로 죽어서 예쁘고 편리한 손가락이 생긴다. 만약 그 세포들이 "난 죽기 싫어, 계속 같이 살 거야!"라며 버티면 손발이 다 오리발처럼 되어, 볼품도 없지만 다양한 기능을 제대로 할 수 없다.

이렇게 나의 세포가 다양하게 분화하여 기능이 늘어나고, 분열하여 숫자가 늘어나 완전한 몸이 되는 동안 내가 한 것이 뭔가? 내가 생각하고 계획하며 행동한 것이 아무 것도 없다. 심지어 나는 아무 것도 몰랐고 아무 의도도 갖지 않았으며 아무런 노력도 하지 않았다. 나의 몸이 이렇게 외형을 거의 갖추게 되는 것은 두 세포가 만난 후 20주 정도에 다 이루어진

난 조형물처럼

다. 생각해보면 놀랄 수밖에 없다. 내가 엄마의 자궁에서 나의 의도도 없이, 엄마도 모르고 나도 모르는 동안 세포가 스스로 다 알아서 자라고 죽고 해서 예쁜 나의 모습이 이루어졌다.

모습뿐 아니다. 이렇게 편리하고 다재다능하게 무한한 기능을 수행하는 손가락을 나의 의도나 나의 노력이 전혀 없이 완벽하게 사용할 수 있게 된 것도 자동이다. 이제 너무나 확실한 사실이고 상식적인 사실인 "사람의 자동은 세포의 삶으로 충분히 증명"된다.

더욱 놀라운 사실이 있다. 정세포와 난세포의 수정 과정은 기적의 연출이다. 정세포는 나오자마자 자신이 가장 싫어하는 산성 지대인 질을 통과해야 된다. 다음은 허우적거리며 지치게 하는 늪지를 지나야 하고, 소량의 점액이 흐르는 죽음의 폭포도 거슬러 올라가야 된다. 이래서 천신만고 끝에 난자에 도달했지만 난 벽이 자기 머리의 3천배나 두꺼워 서로 통신이 안 되면 도저히 못 들어간

이 정도를 통과해야

다. 보기는 해도 만남은 안 이루어진다.

　　그러면 수정란이 안 되고 수정세포가 안 되면 사람이 안 된다. 이 놀라운 기적의 과정을 누가 의도했나? 오로지 전 자동이다. 눈에 보이지도 않는 세포들의 섬세한 자동기능으로 새 사람이 생긴다. 사람을 억지로 다루면 이 자동기능이 망가진다. 완전히 안 망가지면 일부라도 손상이 된다.

　　우리는 지금도 사랑과 양육이란 미명하에 이런 파괴행위를 아무런 거리낌 없이 행하고 있다. 부모도 선생님도 일터나 각종 조직의 선배들이나 간부들도 초 고 정밀 전 자동의 사람기능을 무참히 파괴하고 있다. 스스로 자라고 배우도록 도와주고 살려주자!

몸의 가장 작은 입자부터 자동

벽돌로 지은 집을 벽돌집, 통나무로 지은 집을 통나무집이라고 한다. 단팥빵이나 호두과자처럼 집이나 물건도 재료로 이름을 붙인 경우가 많고 자연히 이름에는 그 물질의 기본성질을 담고 있다. 사람의 몸은 무슨 재료로 되었을까? 세포로 되었다면 된다. 이미 세포가 자동이라는 사실은 확인했다. 아무런 지시나 의도 없이 스스로 제때 딱 맞게 작동한다.

그럼 그 세포들은 또 뭣으로 되었을까? 세포는 분자로 되었고, 분자는 원자로 되었으며, 원자는 전자와 원자핵으로 되어있다. 전자는 일상생활에서 늘 접하고 사용하므로 가장 널리 알고 친숙하니까 더 의문이 없다.

그러나 원자핵은 무시무시한 핵폭탄이 생각나서 듣기만 해도 끔찍하고 겁이 난다. 그러나 원자핵은 참 아름답다. 실제로 모든 것의 핵이 가장 중요하다. 핵이 없으면 어떤 것도 본질이 빠진 껍질만 있는 것과 같다.

핵은 우리가 눈으로 볼 수는 없지만 사람의 생각과 같은 크기의 알갱이(미립자)들이 원자핵 속에 있어서 아름답다. 원자핵에는 양성자와 중성자가 있는데 그 양성자 안에 모든 물질의 가장 기본단위인 쿼크(Quark)라는 알갱이가 있다. 그런데 이 알갱이의 크기가 무려 원자의 1억분의 1이나 되니 얼마나 큰지 짐작하기도 어렵다. 원자도 육안으로 못 보는데, 그것을 1억 번이나 더 잘게 쪼개놨으니 그것의 크기나 위치도 알기 어렵다.

그런데 그런 미립자들을 다루는 물리학자들이 그 작은 알갱이

에는 특별한 의도와 목적과 그들이 나아갈 방향이 들어있다고 한
다. 원래 미립자들은 같은 파동끼리 모여서 이웃과 함께 발달하는
것을 원칙으로 한다.

　　사람의 원재료가 된 미립자들은 다 선하고 의미 있으며 유익
한 목적을 가졌다고 한다. 그런 선하고 사람들에게 유익한 목적을
가진 미립자들이 스스로 모여서 핵이 되고 거기에 전자가 합해져서
탄소와 산소와 수소와 질소 등의 원자가 되었다. 이 네 종류의 원자
역시 선한 뜻을 가지고 스스로 모여서 아미노산이 되었고 이것이
생명체의 아주 본질인 단백질을 만든다. 이렇게 아무런 나의 의사
가 없이 나를 만든 세포가 되었고 세포도 역시 스스로 분화하고 분
열해서 지금의 내가 되었다.

　　그러면 사람은 선하고 유익한 목적을 가진 아주 작은 미립자
가 스스로 모여서 또 스스로 발달한 생명체다. 원자의 1억분의 1밖
에 안 되는 작은 입자에 뜻이 담겼으니 고도로 정밀한 기계가 맞다.

사람은 선하고 유익하며 아름다운 목적의 재료다

사람은 아무리 복잡해도 완벽하게 질서정연한 조직체

거기다 세포가 되기까지도 그렇지만 세포가 된 후에도 완전한 몸이 될 때까지 아무런 간섭도 지시도 매뉴얼도 없이 스스로 자랐다. 그렇다고 헤매거나 흩어지거나 무질서한 게 아니라 아주 정밀하게 질서화 된다.

다 자란 후에도 스스로 작동할 뿐 나의 의지와 상관없다. 그렇다면 성장과정이나 자란 후 작동은 어떻게 무엇 때문에 그렇게 자동이 될까? 세포 안에 있는 DNA가 다 알아서 척척 해낸다. 사람을 성장시키고, 환경에 적응시키며, 주어진 사명까지 다 알아서 하는 것이 바로 DNA의 작용이다.

그런데 사람의 DNA는 TCGA라는 4개의 문자(염기:鹽基)가 아주 질서 정연하게 다 의미를 갖도록 배열되어 있다. 컴퓨터는 1과 0으로 작동되지만 DNA는 4개의 문자니까 훨씬 더 무한하다. 생명체는 질서와 조직이 기본이다. 그래서 항상 일사천리로 잘 자라고 또 활동도 한다. 나는 나의 DNA가 언제 어떻게 얼마만큼 작동하는

지 전혀 몰라도 내가 사는 환경에 적합하게 작동하여 아주 유연하게 나를 환경에 적응시킨다.

　이렇게 보면 내가 살아가는데 가장 중요한 활동은 완전히 자동으로 이루어진다. 그래서 살아 있는 사람은 누구나 다 아주 고도로 정밀한 완전 자동 기계처럼 자동으로 환경에 완벽하게 적응되고 있다.

아픔을 자동으로 고친다

아파야 낫는다. 아프면 치료할 수 있고 아프면 살 수 있다는 말이 있다. 내 몸에는 기가 막힌 자동치료제가 있고, 자율로 움직이는 고맙고 놀라운 의사도 있다. 아픔은 약한 모든 것을 강하게 한다. 뼈와 힘줄과 인대와 근육과 정신을 강하게 한다. 미숙한 인품을 성숙시켜 사람의 품격을 훨씬 높게 한다. 즉 아픔은 사람을 철들게 한다. 아파야 아픔이 치료된다. 혹시 이게 이열치열(以熱治熱)과도 같은 맥인지 모르지만 아파야 낫는다는 말은 선조들의 지혜의 말씀이었지만 과학적으로 증명되었다.

나의 몸 일부를 다치거나 나도 모르게 통증이 생기면, 그 통증이나 상처 부위에서 "물질-P"라는 것이 나온다. 이 물질 P는 거기에서 가장 가까운 골수로 가서, 거기에 있는 성체 줄기세포를 불러내어, 빨리 분열을 시켜 그들이 혈관을 통해 상처나 통증이 있는 데로 손살 같이 달려가서, 상처를 낫게 하거나 통증의 원인을 제거하게 한다.

이 작용은 경희대학교 손영숙 교수가 2009년에 세계 최초로 발표하여, 2014년 보건의료 기술진흥 유공자 정부포상에서 국무총리 상을 수상했다. 탄생한 아기 몸의 각 기관과 조직에는 성체줄기세포가 마치 씨처럼 저장되어 있다. 이 세포는 일생 자신이 속한 기관이 제 기능을 수행하게 한다.

성체줄기세포는 특별한 조직 및 기관에 존재하며 다양한 분화세포로 분화할 수 있다. 대표적인 예로 조혈줄기세포(조혈모세포), 중간 엽 줄기세포, 신경줄기세포, 표피줄기세포 등이다. 내 몸의 유

작가의 아픔이 작품

명한 의사와 명약이 이 세포를 이용해 자동으로 치료를 한다.

　아픔은 모자란 것을 채운다. 아파야 그 결과로 걸작이 나온다. 아픔은 생명력이라 병을 방지하고 죽음도 물리친다. 몸이 아픈 것은 몸에 생긴 병을 치료하는 과정의 신호다. 나의 몸은 내가 모르는 순간에 나의 건강을 유지하려는 기능을 자동으로 수행한다.

　몸에 병이 생기면 몸은 그 병을 퇴치하려고 투쟁을 한다. 그 투쟁 동안 전쟁의 고통 때문에 아픔을 느낀다. 그 때 아프다고 호들갑을 떨거나 병원에 가서 죽는 시늉을 하지 말고, 조용히 아픔이 주는 이점을 생각하며 침묵하고 있으면 아픔도 병도 사라진다. "아직 내게 생명과 건강이 있어서 아픔을 느끼니 감사합니다!"하면서.

　아픔은 신경에서 발생하는 전기신호다. 모든 감각은 신경에서 발생된 전기가 뇌에 전달되어 느낀다. 온 몸에 퍼져있는 신경 말단이나 그 신경 말단에 붙은 특수한 소체가 자극을 받으면 전압이나 전류를 만든다. 그 자극의 세기에 따라 보통 감각도 되고 통증도 된다.

자치기능 빌딩들

　아파서 병이 낫는 것은 이 통증의 전류가 병의 원인을 쓸어내기 때문이다. 그 통증 전류는 병의 원인이 없어질 때까지 계속 생긴다. 병의 원인이 싹 없어져야 통증 전류도 사라진다. 건강과 병의 차이가 바로 병을 건강으로 이끌어 가는 원동력이고 그것이 바로 아픔이다.

　감기가 걸렸을 때 그냥 좀 쉬면서 안정하면 2,3일이면 끝난다. 그러나 약을 먹고 주사를 맞으며 들어 누워 감기를 잘 모시면 돈도 쓰고 5일이상은 비실비실 한다. 약이나 주사 때문에 앓아야 할 통증을 피했기 때문이다. 통증을 약하게 해서 오래 겪는 것뿐이다. 절대 공짜가 없기 때문에 치를 것을 다 치러야 더 건강해진다. 감기약은 진정제나 진통제 등 신경을 무디게 해서 두통, 인후 통, 몸살 등을 덜 느낄 뿐이다. 그러니 덜 아프긴 해도 뿌리는 뽑히지 않아서 약기운 떨어지면 똑 같다. 오히려 내 몸에 있는 막강한 치유력을 약하게 하여 더 자주 더 많이 아프도록 악화시킨다.

　만약에 누가 아프지 않고 병이 나았다면, 실제로는 나은 게 아니라 싸우기 싫어 엎드려 있는 상태다. 아프지 않았기 때문에 병의 뿌리나 불씨가 완전히 없어지지 않았다. 막 싸워서 그놈이 지쳐서 죽어야 낫는다.

마취를 하고 수술을 해서 나은 것은 뭐냐고 의문이 생기겠지만, 그것도 충분히 통증을 겪었다. 만약에 마취하지 않고 또 진통제도 안 먹었으면 안 아플 이가 없다. 마취 없이 수술하면 얼마나 아플 것이며, 수술 후 진통제 안 먹으면 얼마나 아플지 생각해보면 알 수 있다. 그런 통증이 바로 병을 치료하는 값이다. 이 치료 작용이 자동이다!

살맛을 주는 화학반응도 자동이다

3중장애를 가졌던 헬렌 켈러가 "세상에서 가장 아름다운 것들은 보거나 만질 수 없고, 다만 가슴으로 느껴야 한다"고 했다. 즉 보거나 만지는 감각이 아니라 감동으로 느낀다는 의미다. 실제로 감동이나 우울함 분노나 사랑 등은 과학적으로 뇌에서 일어나는 화학반응이지만, 어떤 작용이 어떤 과정을 거쳐 일어나는지 정확하게 설명하지는 못한다.

다만 감각기관을 통해 외부의 자극을 받아 뇌로 전달하고 거기에 반응하는 것이 감정으로 나타나는 신경세포의 화학반응이라는 정도로 이해한다. 감동이나 감격 또는 사랑이나 증오를 일으키는 이 신경계는 정보를 전달하는 장치나 도구다. 그리고 신경을 통해 전달되는 모든 자극은 다 전기신호일 뿐 형상이나 소리 등의 내용이 아니다.

이 과정을 요약하면 대체로 6단계 정도를 거쳐서 울기도하고 웃기도 하며 분노를 폭발하거나 탄성을 지르기도 한다.

① 먼저 보고 듣고 만지며 맛을 알고 냄새를 맡는 5감이 외부의 자극을 받아들인다. ② 이 감각 세포는 자극을 받아서 감각별로 연합한 뒤에 ③ 다중 감각을 만들어 신경세

이 표정도 자동

포를 통해 그것을 해마로 보낸다. ④ 거기서는 기억을 만들어 저장한다. ⑤ 그 다음은 뇌에서 가장 중요한 배 외측 전전두엽으로 간다. 이때는 감각이 아니고 언어로 전환되어 들어간다. 이때 감각연합에도 다시 보내 감각별로 저장하게 한다. ⑥ 다음은 마지막 단계인 1차 운동영역으로 보낸다. 운동영역이란 말을 하거나 손과 발 등의 실제 행동을 한다. 사실 뇌가 하는 일을 한 마디로 압축하면 운동생성이다. 여기까지 가면 도저히 돌이킬 수 없다.

예를 들어 어떤 사람이 나를 향해 언짢은 말을 하면 나도 모르게 ⑥까지 가서 나는 그보다 더 심한 욕을 하게 된다. 그러나 내가 의도적으로 이 진도를 중지시킬 수는 있지만 생각 없이 있으면 저절로 상대의 자극에 따라 인상을 쓰고 욕하기도 한다. 이렇게 나의 감정은 나도 모르게 작동해서 기쁘게도 하지만 분노를 일으키기도 한다.

이 과정을 그냥 간단히 말하면 감각을 통해 들어온 신호를 중추신경(뇌와 척수)이 자극을 분석하고 통합하여 거기에 맞게 반응하라고 운동신경에 전달한다면 된다. 이렇게 나도 모르는 사이에 새 것을 알게 되고, 그것을 생각하며, 기억하고 저장하기도 한다. 나는 의도하지 않아도 감각신경 중추신경 그리고 운동신경이 다 척척 해낸다. 물론 특별한 경우에 내가 의도하기도 하지만, 살면서 의도나 노력 없이 진행되는 경우가 훨씬 더 많다.

탄성이 절로 나와

신경계의 정보전달은 사람의 뇌에 있는 10억 개 정도의 뉴런이란 신경세포가 맡는데 이 중 어느 하나에도 내가 명령이나 지시하지 않는다. 좀 따져보면 신경세포는 세포체와 수상돌기 그리고 축색돌기로 되어 있다. 사람을 살맛나게 하는 행복물질은 뇌 속에 있는 뇌하수체의 전엽에서 생산되는데 이것도 환경이나 상황에 따라 자동으로 된다. 내게 기쁨을 주는 엔도르핀, 평화와 안정감을 주는 세로토닌, 깊은 잠을 자게 하는 멜라토닌, 만족감을 갖게 하는 콜레시스토키닌, 행복감에 젖게 하는 도파민, 절정의 기쁨과 사랑과 신뢰를 느끼게 하는 옥시토신 등이다.

이 자동기능에서 더 기가 막히는 사실이 또 있다. 사람에게 가장 강한 쾌감을 주는 옥시토신이 여인의 출산과 수유기에도 동시에 만들어진다는 것이다. 수유에서 갖는 사랑과 기쁨도 뭐라 말할 수 없지만, 그 고통스러운 출산 시에 자신은 전혀 모르게 옥시토신이 생성된다. 그러니 다시 수유를 하고 싶고 아이를 더 낳고 싶어진다.

이렇게 우리의 의도나 노력이 없이 우리에게 살맛을 주는 물질의 생성이나 신경전달 작용을 활용한 것은 또 있다. 설탕보다 200배나 더 단맛을 내는 인공감미료인 아스파탐이나 기막힌 맛을 내는 조미료 등은 실제 맛이 아니라 혀의 미각세포를 자극하는 신호일 뿐이다.

또 행복감을 느끼고 평화와 안정감을 주는 세로토닌은 낮이 길고 햇빛이 많을 때 많이 생기고 합성이 잘 되며, 날이 흐리거나 추운 겨울이 지속되면 거의 생기지 않는다고 한다. 누가 이 작용을 좌지우지하나? 오로지 전 과정이 자동이다. 사람은 초 고 정밀 전 자동이다.

장기가 자동

자율신경계의 작용으로 내장근육, 심장근육, 분비샘이 작동한다. 몸이 유지되기 위해 스스로 다 알아서 움직이는 자율신경계가 없으면 모든 활동을 다 의도적으로 해야 된다. 그래서 사람은 살아가는데 필요한 모든 것을 자율신경계가 나도 전혀 모르는 사이에 스스로 다 해버린다.

그러니까 굳이 삶에 필요한 것을 애써 가르칠 필요가 없다. 정상적인 상태면 그것이 신체적인 것이든 정신적인 것이든 다 저절로 찾아서 배우고 행동한다. 아름다운 것을 보고 감탄하자고 해서 감탄하는 것이 아니다. 또 그것이 아름답다는 것도 의도적으로 아름답게 보려고 노력해서 그런 게 아니라 자기도 모르게 아름다움을 느낀다.

하늘의 뭉게구름을 보고, 고운 장미를 보고, 하늘을 구름처럼

그냥 감탄한다. 의도 생각 꾸밈 전에!

때지어 나는 철새들을 보고, "와아, 지금부터 감탄하자!" 할 겨를도 없이 이미 입을 벌리고 만면에 미소를 지으며 탄성을 지른다. 맞선 보러 나간 사람이 의도적으로 "첫눈에 반하자"라고 작정하지 않는다. 그냥 순간에 간다.

이런 것들이 사람은 가르치지 않아도 된다는 증거다. 어떤 상황에 처하면 다 배우게 되어 있으므로 그렇게 되도록 환경만 만들어주면 된다. 굳이 공부하라고 잔소리하고, 매질하며, 구박할 필요가 없다. 그렇게 강제하거나 억지로 하게 하는 것은, 결국 그 거대하고 오묘하며 놀라운 자동기능을 망가뜨리는 행동이다.

얼마나 훌륭한 기계이고 장비이며 시설인데 그것을 그렇게 무참하게 짓밟아 못쓰게 만들까! 아름다운 것을 보면 자기도 모르게 또 만지거나 가지고 싶어 아무 생각 없이 그런 행동도 한다. 그러니 이성에 대해 이해 안 되는 순간적 행동도 한다. 그 순간 다른 사람은 이해할 수 없다.

무서운 동물은 피하고 도망가며, 낯선 벌레는 만지기보다 움찔하며 물러난다. 이것도 다 자율신경이 부추겨서 자기도 모르는 사이에 나오는 행동이다. 어떤 상황이 닥치면 순간적으로 판단해서 다 척척 해낸다.

끌면 망가져

순간적으로 욕을 하거나 고함을 치는 것도 작정하고 그러는 게 아니다. 그 상황에서는 저절로 그렇게 대응한다. 그렇지 않도록 노력하고 연습한 사람은 세련되거나 고상하게 훈련된 결과다. 그런 연습이나 훈련도 반복되는 환경이 주어지면 자신이 다 알아서 한다.

벌이 싫어서 어떤 행동을 의도적으로 하지 않거나 상이 좋아서 어떤 행동을 의도적으로 하는 것도 스스로 하도록 두면 된다. 자신이 결정해서 그렇게 하도록 두어야 된다. 그것은 어릴 때부터 그렇게 해야 저절로 되는데, 부모나 선배들이 지나치게 간섭해서 이미 다 고장 난 상태라, 어울리지 않는 엉뚱하고 무례한 행동도 서슴지 않고 한다.

아이들이 자라면서 변보는 모습을 점차 다른 사람에게 보이지 않으려는 것만 봐도 그렇다. 굳이 어른이 시키지 않아도 그것을 알아간다. 심지어 기저귀를 차고도 다른 사람이 보지 않는 데로 가서 혼자 대변을 본다. 그러고는 그렇게 부자연스런 행동을 하던 아이가 기분 좋게 나오는 것을 보면 부끄러움도 알고 시원한 배설의 기

이미 망가진 것은 끌고 다녀야 된다

뿜도 누릴 줄 아는 상태다.

　사람의 신경계는 이렇게 저절로 감정을 느끼고 배우고 기억하며 스스로 행동하는 능력을 이미 본능으로 유전자에 가지고 있다. 인간의 몸을 구성하는 거의 모든 체세포에는 신경축삭이 있어서, 온 몸의 감각세포는 감각신호를 받아들여 매 순간 골격근과 분비샘으로 운동신호를 보낸다.

　자율신경계의 작용으로 내장근육, 심장근육, 분비샘이 작동한다. 그 신호에 따라 골격근육은 의도적으로 몸을 움직여 먹이를 찾고, 천적을 피해 도망치기도 하며, 상대에게 화를 내거나 삿대질도 한다.

　인간의 신경계는 감정을 느끼고, 학습하고 기억하며, 계획하고, 자기를 인식하는 탁월한 자율능력을 가졌다. 또 언어라는 추상적 기호에 대한 기억 능력을 바탕으로 급격한 문화적 향상을 이루었다. 이러한 감각, 지각, 의식의 신경처리과정은 주로 대뇌피질에서 이루어진다. 감각에서 상징까지의 다양한 인간의 뇌기능에는 원

배움의 축적 결과

래 사람의 의도가 없이 진행된다.

사람의 생물학적 작용을 단계별로 보면 신경회로, 신경세포, 이온채널, 그리고 마지막에 유전자에 도달한다. 하지만 여기에 내 의도는 없이 다 자동으로 진행되어 필요한 것을 다 이룬다. 사람은 워낙 부족하게 태어나므로, 살기 위해서 무조건 배워야 하는 것은 숙명이다.

사람이 배우고 공부해야 한다는 것은 선택이 아니다. 공부하지 않아도 좋다고 허용된 사람은 정상인에는 아무도 없다. 배움은 필수이고 의무지만, 가르침은 허용되어있지 않다. 가르침은 막대한 기계를 망가뜨린다. 그래서 가르침은 금지사항이다. 그 지혜로운 사람들이 이런 과오를 범할까?

아기가 자랄수록 더 잘 배우는 까닭은?

사람은 생기는 데서부터 출생은 물론 자라는 동안 모두가 자동이다. 한 사람이 되기 위한 첫 단계는 정자와 난자의 만남이다. 그냥 청춘 남녀의 즐거운 만남처럼 비행기나 고속철 또는 자가용이나 택시를 타고 콧노래를 부르며 휙 가는 게 결코 아니다. 천신만고와 악전고투의 과정을 스스로 다 찾아 간다. 그것도 수억대 1의 경쟁을 거치는 동안 다른 동료들은 죽음으로 동료들의 행진을 도와주는 눈물겨운 희생까지 하면서 말이다.

어렵게 수정이 되어도 차상까지 5일이 넘는 먼 여행과 숙식을 안내하거나 제공하는 이도 없다. 누가 집을 다 지어놓고 거기서 살라고 알려주거나 소개하는 복덕방도 없다. 그런데도 우주만큼이나 넓은 그 공간에 스스로 적당한 자리를 잡고 세상에서 가장 안전한 거처를 만든다. 그 여행기간에도 맹렬한 속도로 세포분열을 하며 생명체의 본분을 스스로 수행한다.

사람의 모양을 다 갖추고 신체의 구조와 기능이 완성된 뒤에는 역시 아무도 시키지 않지만 스스로 산도를 향해 방향을 돌린다. 머리가 너무 커지면 엄마가 위험하니까 적당히 자라서 신축성이 있을 때, 그 시점을 절묘하게 맞춰서, 자신의 사명을 다하기 위해 세상으로 나온다.

사실은 아무도 모르고 도와주거나 시키지 않지만, 엄마의 자궁에서 그냥 자라기만 하는 게 아니라, 생후에 자신이 적응되어야 할 환경에 대응하기 위해 몸 전체를 준비시킨다. 예를 들어 영양이 부족하면 부족한 영양에도 버틸 수 있도록 준비한다. 그런데 생후

에 영양이 지나치면 40대 말이
나 50대 초에 당뇨나 뇌졸중 등
이 쉽게 걸린다.

어미와 친구 따라

    나자마자 탯줄이 아닌 코를
통한 호흡을 하려고 역시 자신이
알아서 세상이 들썩하게 고고지
성(呱呱之聲)을 울린다. 아기가 울
음을 터뜨리는 것은 기도가 뚫렸
다는 증거다. 나는 이제 나의 폐로 호흡하는 건강한 아기입니다 하
는 증거다. 스스로 호흡해야 자신의 힘으로 산소를 마시고 이산화
탄소를 내뱉는 것이 가능하다. 아기가 크게 울수록 폐가 크게 진동
하고 공기가 온몸 구석까지 전달된다. 제대로 울지 못하고 호흡이
약하거나 전혀 호흡운동이 일어나지 않으면 신생아의 사망원인이
되기도 한다. 이 결정적인 호흡도 자신이 알아서 할뿐 아무도 안 가
르쳐 준다.

    더 놀라운 사실이 있다. 아직 눈도 잘 안 보이는데, 냄새로 엄
마를 알고, 입으로 더듬어 엄마 젖을 찾고 알아서 빤다. 그 젖을 빨
아서 배를 채우고 식욕을 충족시키며 영양을 받아들이고 엄마의 사
랑을 먹으면서, 엄마와 애착관계를 강화한다는 것을 누가 가르쳤을
까? 아무도 젖 빠는 요령을 알려주지 않았다. 제대로 안 나오면 힘
껏 울라고 시킨 사람도 없다.

    그리고 엄마 얼굴을 보면서 사람을 녹이는 미소를 짓는다. 그
살인미소는 누가 가르쳤을까? 그러다 언짢으면 입을 삐죽삐죽한

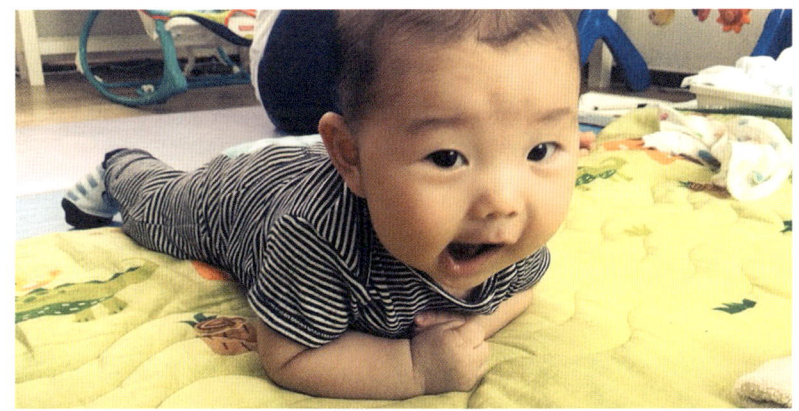

기기 지도 선생님 없어!

다. 그건 또 누가 훈수를 두거나 시켰나? 어느 정도 배가 차면 스르르 젖꼭지를 놓고 그냥 잠들기도 한다. 그 요령은 어떤 선생님을 통해 배웠을까?

다음은 또 몸의 기능을 더 개발하느라고 기기 시작한다. 기는 때와 방법을 알려준 사람도 없다. 처음엔 그냥 납작 엎드려 육군의 낮은 포복을 하듯 긴다. 그러다 높은 포복하듯 기고, 장애물도 넘어가다가 붙잡고 일어서서 둘러가기도 한다. 어른들이 보기에는 기는 기간이 너무 길게 보이지만, 이 기간에 일생을 버틸 척추를 강화하고 있다.

낮은 포복을 하고 높은 포복을 하며 엉금엉금 무릎으로 기는 동안 척추는 물론 팔 다리의 뼈대를 강화하고 기능을 개발한다. 기는 것이 안쓰러워 안아주거나, 일찍 일으켜 세워 걷게 하면 척추와 사지가 약해서 잘 넘어지기도 하지만, 골격이 약해서 고장이 잘 난다. 그런데 이것을 아무도 안 알려주는데도 다 알아서 제때 골격강화 훈련을 한다. 대견스럽다!

다음은 걷고 뛰고 말하며 대소변을 가리고, 자율과 도덕과 윤리도 알게 된다. 이렇게 사람은 아무도 안 가르쳐 줘도 때가 되면 다 필요한 행동을 하게 되어 있다. 신체만이 아니라 정신적인 것이나 자신이 선호하는 것과 도덕적 판단기준 등도 다 스스로 알아서 한다.

무엇이 이것을 가능하게 할까? 그 시기와 대응 요령 등은 다 DNA에 설계되어 있다. 그래서 가르치지 않고 일깨우지 않으며 간섭하지 말고 가만히 보고만 있으면 스스로 다 한다. 간섭하면 고장 나거나 망가진다.

전혀 가르치지 않아도 아주 잘 하는 결정적인 경우를 보자. 사진의 아기는 생후 10개월째다. 소파 위에서 소파를 짚고 겨우 일어나서 발을 옮기는 장면이다. 물론 아직 평지에서도 못 서고 못 걷는다. 그런데 누가 이 아기더러 서는 법과 걷는 법을 알렸나 말이다.

특히 아기의 눈을 잘 보자. 긴장하고 조심하면서 몸의 균형을 잡느라고 온 신경을 곤두세워 힘을 주면서 머리를 쓰고 있다. 아무도 가르쳐주지 않지만 뇌가 전신의 힘을 안배하면서 균형을 유지하느라고 스스로 복잡한 계산을 하고 있다. 그리고 안 넘어지려고 긴장상태를 유지하고 있다. 아기의 눈이

아무도 안 가르쳤다

얼마나 긴장하고 복잡하게 생각하는지 분명하게 보여준다.

사람은 어떤 경우에도 주어진 환경에 적응되기 위해 머리 써서 연구한다. 특히 어릴 때는 자신의 의도가 아니라 순전히 설계된 대로 행동한다. 그렇게 자신의 환경에 적응하도록 설계된 시스템이 장착되어 있기 때문에 순전히 전자동으로 움직인다. 그 자동기능이 아주 어려서부터 간섭을 받지 않아야 그대로 탁월하게 개발 되어 점점 더 신속하고 최적하게 자신의 몫을 다 하는 탁월한 사람이 된다.

그것을 기다리지 않고 어른이 간섭하고 가르치면 자동기능이 개발은커녕 아예 망가지고 소멸되고 만다. 여기서 우리는 심각하게 선택해야 된다. 태어나면 바로 젖을 빨고, 배고프면 울며, 엄마를 보고 방글방글 웃는 것도 자동이었다. 기는 것도 걷는 것도 말하는 것도 다 스스로 하고 누가 가르치거나 어디서 배워오는 것이 아니다. 정말로 가르치지 말고 기다려주자. 그래야 원래의 성능을 제대로 발휘하게 된다.

분명히 우리가 착안할 것은 아이도 배울 수 있는 여건이 조성되면 스스로 다 배우므로 굳이 가르치려 애쓸 필요가 없다는 것이다. 자신이 몰입해서 할 수 있는 환경(자극장치)만 조성해서 스스로 배우도록 돕는 것이 가장 바람직하다. 자율과 집중력과 창조성이 동시에 자랄 수 있다.

책을 덮으며

가정은 人場이고 부모는 人場경영자다. 농사짓는 사람을 농부(農夫)라면 사람을 키우는 사람은 人夫다. 그러면 모든 선생님과 모든 선배와 조직의 간부들은 다 人夫다. 人夫는 사람을 우선해야 된다.

삶은 배움이다. 안 배우면 못 산다. 사람은 조산(早産)동물이기 때문이다. 태어나서 18년은 자라야 사람(成人)이라니, 한참 조산동물이다. 사람이 되기 위해 사람은 배워야 된다. 예절과 문화를 배우고 자기가 타고난 것을 잘 개발해서 다른 사람을 돕기 위해서도 배우든 숙련도를 높이든 반드시 남다른 연습을 해야 된다.

배운다는 것은 반드시 스스로 해야지 남이 가르치는 것은 결코 아니다. 사람은 신체적으로 전 자동이고 정신적으로 완전 자율이기 때문에 본인이 원하지 않는 한 남이 가르치면 본성이 파괴되어 크게 고장이 나거나 완전히 못 쓰게 된다. 그렇다고 어쩌다 제대로 안 배운다고 폐기해도 되는 것은 결코 아니다. 사람에게만 있는 회복탄력성 때문에 포기해도 될 사람은 아무도 없다. 반드시 원래 만들어진 대로 완전히 새 사람이 된다.

　　그래서 부모 선생님 사회적 선배들은 항상 어떤 상황에서나 후배가 잘 배우도록 도와주어야 된다. 처음에 잘 안 되더라도 될 때까지 기다려주면 반드시 잘 하게 된다. 모든 사람은 천재로 나기 때문이다. 사람의 환경적응과 필요한 배움은 사람의 DNA에 기본으로 내장되었다. 이것을 방해하면 고장 난다! 가르치면 6기통 세단이나 보잉747을 끌고 다니는 격이다!

　　　　　　　　　　초고정밀 전자동 인간됨을 감사하며,

　　　　　　　　　　　　　　　꿈꾸는 소년

온 사람136-4 교육 패러다임 바꾸기

가르치기보다
제발 잘 배우게 도와줘요

발　행 2016년 6월 20일

펴낸곳 푸른서울　　**펴낸이** 김영훈

저　자 꿈꾸는 소년

기획총괄 구점수　　**편　집** 이경준, 김귀숙, 송아람

디자인 김동환, 김보겸　　**분해 · 제작** 푸른서울

등　록 제313–2010–161호

주　소 서울시 마포구 월드컵로 12길 (서교동)

문　의 02-3377-808

Copyright©2016 by 황병수 · 푸른서울

ISBN 978–89–94652–15–3